I0191768

FLUQUIÈRES

ESSAI DE MONOGRAPHIE

A LA MÉMOIRE

DE

Louis-Joseph DUBOIS

Instituteur

A Fluquières, de 1831 à 1879,

A MON PÈRE, Instituteur,

A MA MÈRE,

AUX HABITANTS DE FLUQUIÈRES,

Respectueux et amical Hommage.

O. D.

FLUQUIÈRES

Essai de Monographie

PAR

OLIVIER DEGUISE

Licencié ès Lettres,

Ancien Élève de l'Université de Lille

Couronné par la Société Académique de Saint-Quentin

(CONCOURS DE 1897)

CHEZ L'AUTEUR

A FLUQUIÈRES ou A BOHAIN

MDCCCIC

LISTE DES SOUSCRIPTEURS

M. FOSSÉ-d'ARCOSSE, André, propriétaire-gérant de l'*Argus Soissonnais*, à Soissons (Aisne).

M. BAROUX-PONCELET, jardinier, à la Soudière, à Chauny (Aisne).

M. BAS, lamier, à Bohain (Aisne).

M. BÉGUIN-VINCHON, propriétaire, à Fluquières.

M. BÉNARD, P. (✻), architecte, à St-Quentin (Aisne).

M. BERDOUILLARD, conseiller municipal, à Guise (Aisne).

M. BIENFAIT, Louis, horticulteur, Vice-Président du Comité républicain radical, à Bohain.

M. BLONDIAUX-GOSSARD, graisseur, à Fluquières.

M. BOBEUF-LEFÈVRE, propriétaire, à Bohain.

M. BOITELLE, Paul, tisseur, à Fluquières.

M. BOITELLE, directeur de la Fanfare de Fluquières, agent d'assurances, à Ham (Somme).

M. BOUDOUX, Henri, à Bohain.

M. BOUILLIER-DELARUELLE, débitant, à Fluquières.

Mme Ve BOULANGER, à Bohain.

M. BOURLEZ, notaire, à Caulaincourt (Aisne).

M. BRACONNIER, P., licencié ès lettres et en droit, chef de bureau hors cadre à la Préfecture de l'Aisne, à Laon (Aisne).

M. BUTIN, Victor, cultivateur, conseiller municipal, à Fluquières.

M. CARLIER (l'abbé), ancien curé de Fluquières, aumônier du Lycée Henri-Martin, à St-Quentin.

M. CARPENTIER, Georges, lauréat de l'école de pharmacie, pharmacien, à La Fère (Aisne).

M. CARPENTIER, Jules, relieur-typographe, à Bohain.

M. CARPENTIER, Paul, boulanger, à Fluquières.

M. CARPENTIER-VASSEUX, négociant, à Fluquières (2 exemplaires).

M. CAZÉ, A., ex-chimiste expert de la Ville de Paris, ex-préparateur de bactériologie à l'amphithéâtre des hôpitaux de Paris, pharmacien, à St-Quentin.

M. CATRY, Albert, pareur, à Fluquières.

M. CATRY-DUCAMP, pareur, à Fluquières.

M. CATRY-MARQUETTE, ancien chef de musique, débitant, à Fluquières.

M. CERF, Adalbert, employé des contributions indirectes, à Bohain ; collaborateur à une monographie en préparation sur *Fonsomme*, dédiée à son père, M. *Cerf*, Louis-Prince-Alexandre, ancien instituteur de cette commune, actuellement maire de Morsain (Aisne).

M. CHARMASSON, instituteur, à Jeancourt (Aisne).

M. CLICHET, Albert, tisseur, à Fluquières.

M. COLOMBIER, Louis, tisseur, à Fluquières.

M. COLOMBIER, François, tisseur, à Fluquières.

Mme CORRION, directrice de l'école des filles, à Etreillers (Aisne).

M. DAMIENS-POUPART, ancien maire, à Fluquières.
M. DAUTHUILLE, Jules, maire, à Lanchy (Aisne).
M. DEBEAUVOIS, Arsène, colleur, à Fluquières.
M. DEFRANCE, maire, à Holnon (Aisne).
M. DEHELLY, professeur à l'école primaire supérieure professionnelle, à Bohain.
M. DELACROIX, boucher, conseiller municipal, à Fluquières.
M. DELARUELLE, Alfred, comptable, à Fluquières.
M. DELBART, Gustave, comptable, à Bohain.
M. DEMAROLLE, E., conseiller général de l'Aisne, à Neuville-St-Amand (Aisne).
M. DÉJARDIN, L., secrétaire général de la Société académique, à St-Quentin.
M. DESJARDINS-DÉMARET, tisseur, à Fluquières.
M. DESJARDINS, Jules, député de l'Aisne, à St-Quentin.
M. DEVIGNE, Félix (l'abbé), à Malzy (Aisne).
M. DODEMAN, E. (✿ A), directeur de l'école primaire supérieure professionnelle, à Bohain.
M. DUCAMP, Ernest, tisseur, à Fluquières.
M. DUFLOT-PINCHON, pareur, à Fluquières (2 exemplaires).
M. DUFRÉNOY, Olivier, cultivateur, à Beauvois (Aisne).
M. DUPONT, professeur de musique, Vice-Président de la Société chorale, à Bohain.
M. ESSELIN, (O. ✳), chef de bataillon au 45e de ligne, à Laon (Aisne).
M. FASQUEL, H., licencié en droit, à Lille (Nord).

M. FASQUEL, à Calais (Pas-de-Calais).
M. FRAILLON, A., comptable, à Laon.
M. GAGNEUX (l'abbé), curé de Lappion (Aisne).
M. GARBE, A., gérant de la boulangerie coopérative La Fraternelle, secrétaire de la Société de la Libre-Pensée, à St-Quentin.
M. GARNIER, Henri, officier de cavalerie en retraite, ancien maire, conseiller général de l'Aisne, à Bohain.
M. GÉRARD, Camille, (✠ I) (le docteur), maire de Montcornet (Aisne).
M. GODÉCAUX,-LAFOREST, conseiller municipal, à Serain (Aisne).
M. GOUT, E., licencié ès lettres, boursier d'agrégation près l'Université, à Lille.
M. GRIMMER (✱), capitaine adjudant-major au 45e de ligne, à Laon.
M. GUÉRIN, E. (l'abbé), curé de Fontaine-les-Vervins (Aisne).
M. HACHON, Alphonse, ancien instituteur de Fluquières, actuellement à Froidestrées (Aisne).
M. HALM, Georges, pareur, à Fluquières.
M. HALM-DUCAMP, pareur, à Fluquières.
M. HÉRIGNY, instituteur, à Douchy (Aisne).
M. HORNEZ-COUSIN, tuilerie mécanique, à Bohain.
M. JOLLY, Gaston, cafetier, représentant de commerce, à Bohain.
M. JOQUILIVE-DELBART, domestique de ferme, à Fluquières.
M. JOSSE, Victorice, tisseur, à Fluquières.

M. LACOTTE, EUGÈNE, ancien directeur du *Combat*, rédacteur à *La Lanterne*, à Paris.

M. LANDRIN, E., archiviste de la ville, à Calais (Pas-de-Calais).

M. LAUX, ARCADE, débitant, à Fluquières.

M. LAUX, CHARLES, cultivateur, à Caulaincourt.

M. LAUX-DELARUELLE, épiceries en gros, à St-Quentin.

M. LEDUC, L., docteur en droit, avocat à la Cour d'appel, à Paris.

M. LEFÈRE RAYMOND, tisseur, à Fluquières.

M. LEFÈVRE, CHARLES, conseiller municipal, à Fluquières.

M. LEFÈVRE-NAMUROY, charron, conseiller municipal, à Fluquières.

M. LEFÈVRE, restaurateur, à Caudry (Nord).

M. LEMAIRE, EMMANUEL, adjoint au maire, à St-Quentin.

Mme LENOIR (Vve), propriétaire, à Fluquières.

M. LÉPINE-CARPENTIER, tisseur, à Fluquières.

M. LÉPINE-DELVAL, tisseur, à Fluquières.

M. LÉPINOIS, H. (❦ A), ancien maire, à Montcornet.

M. LESNE, ARTHUR, tisseur, à Fluquières.

Mgr LESUR, EMILE, maire, à Mortiers (Aisne).

M. LINET, OCTAVE, artiste peintre, à Paris.

M. LONCLE, LÉON, entrepreneur, conseiller municipal, à Fluquières.

M. MAFILLE, Eugène, tisseur, à Fluquières.

M. MARCHAND, ancien instituteur de Fluquières, actuellement à Chermizy (Aisne).

M. MARCHANDIER, pharmacien, à St-Quentin.
M. MIGRENNE, A., publiciste, à Guise (Aisne).
M. MOREL-LÉPINE, contre-maître de tissage, à Fluquières.
M. MOROY, Gustave, débitant, à St-Quentin.
M. NEVEU-MAFILLE, tisseur, débitant, à Fluquières.
M. OBJOIS, Charles, chauffeur, à Fluquières,
M. PANNELIER, V. (Q A), ancien adjoint au maire du XIVe arrondissement, conseiller municipal, à Paris.
M. PINCHON-DUPUIS, contre-maitre de tissage, à Fluquières.
M. PINCHON, mercier, à Harly (Aisne).
M. REMY, Joseph, garde-champêtre, à Fluquières.
M. RIOMET, L.-B., instituteur, auteur de divers ouvrages de botanique, notamment d'une *Flore médicinale et vétérinaire du nord de la France*, à Villeneuve-sur-Fère-en-Tardenois (Aisne).
M. ROZIER, Ch., ancien maire, débitant, à Fluquières,
M. ROYER, cafetier, à Bohain.
M. RUETTE, F., comptable, président de la Société chorale, à Bohain.
M. SOUPLET-MOREL, tisseur, à Fluquières.
M. SOUPLET, Oscar, tisseur, à Fluquières.
M. TAQUET-HORNEZ, président honoraire du Comité républicain radical, à Bohain.
M. de LA TOUR-DU-PIN LA CHARCE, (O. ✻) (le marquis), lieutenant-colonel d'Etat-Major, à Arrancy (Aisne).

M. TURPIN-MOLIMART, comptable, à Villers-en-Prayères (Aisne).

Un enfant de Fluquières (13 exemplaires).

M. VASSEUX, Félix, parcur, à Fluquières.

M. VASSEUX, Oscar, comptable, à St Quentin.

M. WATTEBLED, Virgile, conseiller municipal, à Fluquières.

M. WOYEMENT, instituteur, à Lappion.

FLUQUIÈRES

CHAPITRE I

GÉOGRAPHIE

FLUQUIÈRES est une commune du département de l'Aisne, arrondissement de Saint-Quentin, canton de Vermand, diocèse de Soissons et Laon. Avant 1789, elle appartenait à la Généralité d'Amiens, bailliage et élection de Saint-Quentin, diocèse de Noyon.

Des étymologistes hasardeux font dériver son nom du latin *flexuosus*, tortueux, épithète qui serait due aux ondulations de son terroir ou à l'irrégularité de ses rues.

Fluquières s'est appelé successivement (1):

Felchières, 1190 (Cartulaire de l'Abbaye de Fervaques).

Fleschières, 1192 (Documents de la collection de Dom Grenier).

(1) Le *Theatrum Orbis Terrarum* d'Ortelius, publié à Anvers en 1603, dit, dans sa carte du Vermandois: *Ferquier*. Ce n'est sans doute qu'une erreur.

Flekières, 1208 (Cartulaire de Fervaques).

Flekeriis (*territorium de*), 1264 (Charte de Prémontré).

Flequières, 1276 (Cartulaire de Fervaques).

Floquières, XIVe siècle.

Fleuquières, 1599.

Flecquières, 1614.

Flucquières, XVIIe siècle (état-civil de Fluquières).

Fleuquières, 1717 (état-civil).

Il est situé entre le 49° 48' de latitude Nord et le 0° 49' de longitude Est, à 142 kilomètres Nord-Est de Paris, 58 kilomètres Nord-Ouest de Laon, 12 kilomètres Sud-Ouest de Saint-Quentin, 10 kilomètres Sud-Est de Vermand.

Son terroir, d'une superficie de 524 hectares, de forme irrégulièrement rectangulaire, est entouré au Nord-Ouest par celui de Germaine, au Nord-Est par celui d'Etreillers, au Nord par celui de Vaux, à l'Est par Roupy, Happencourt, au Sud par Tugny-et-Pont, au Sud-Ouest par Bray-St-Christophe et à l'Ouest par Douchy.

Il est partagé en croix de Saint-André (X) par la route nationale n° 30 et le chemin d'intérêt commun n° 19, au lieudit *Le Pavé*,

Les cotes, d'après la carte de l'état-major, sont : 109 mètres, à *La Tombelle*, au Sud ; 90 mètres, à la limite du terroir avec celui de Germaine, au Nord-Ouest ; 79 mètres, à la limite du terroir vers Douchy, à la route nationale, à l'Ouest.

Il n'y a pas de cours d'eau : les plus proches sont : la Germaine, l'Omignon, au Nord, la Somme, au Sud. Le nom de « Vallées », donné au chemin de Germaine et à celui de Douchy, s'explique par l'encaissement de ces voies et les ravins qui les bordent. Peut-être un ruisselet en fit-il autrefois son lit, ou quelque déluge les creusa-t-il.

GÉOLOGIE

Fluquières se trouve dans une plaine assez élevée dont le sol présente généralement la composition suivante :

1° Une couche de limon argileux jaune (diluvium), terre franche venant du déluge glaciaire, propre à la fabrication des briques, à la culture des céréales et de la betterave ;

2° Terre arable, un peu argileuse mélangée de sables inférieurs tertiaires (glauconie inférieure, 1er dépôt tertiaire), ayant résisté au déluge ;

3° Craie blanche (1re couche du terrain crétacé, terrain secondaire). Cette couche a généralement une grande épaisseur. La craie sert à amender les terres froides, compactes ou un peu trop fortes ;

4° Craie à silex (meilleure pour cet usage) ;

5° Marne.

Entre le sable glauconien et la craie, un bassin de glaise retient les eaux ; c'est le 9e niveau d'eau, d'après l'échelle géologique des terrains du département (1).

Les puits sont généralement profonds, variant de 65 à 80 pieds (20 à 25 mètres) (2).

Le sable est rare et disséminé : on en fait venir de Savy. On trouve pourtant aujourd'hui, au lieudit *La Tombelle*, un banc d'une épaisseur de quelques mètres, dans une petite carrière dont voici la coupe :

1° Terre végétale et arable, noirâtre, argilo-sableuse ;

2° Bande horizontale de grès siliceux exté-

(1) D'Archiac.— Géologie du département de l'Aisne, p. 323.

(2) Leur eau, généralement chargée de calcaire, saine, sans infiltrations, se prête ma à la cuisson des légumes.

rieurement rougeâtres, de 0 m 30 d'épaisseur environ, en dalles rectangulaires assez régulières (1) ;

3° Couche sableuse, striéée d'éclats de grès siliceux rougeâtres, semblables à des fragments de brique ;

4° Sable jaunâtre.

Dans un trou à marne situé à l'extrémité du terroir, vers Douchy, on rencontre des coquillages qui paraissent cuits, tellement ils sont rouges. Cette coloration est-elle due à l'oxydation du milieu, ferreux peut-être, ou à l'éruption de geysers dont on a cru pouvoir affirmer l'existence au moins dans les collines de l'Artois (2) ?

Des gisements de pierre à chaux ont été exploités autrefois, sur le haut de la plaine qui sépare les vallées de la Somme et de la Germaine, en face de la *Ferme Rouge*. On voyait encore, il y a quelques années, les ruines du four.

(1) Ressemblant à la pierre meulière argilo-siliceuse dite *pierre du Thiolet*.

(2) Cf. un article non signé sur Grougies et Grugies dans l'*Almanach-Revue* de Saint-Quentin, 1896. Baudry, éditeur.

CHAPITRE II

NOTICE HISTORIQUE

Bien qu'aucun document intéressant Fluquières n'existe à notre connaissance antérieurement au XIIe siècle, on ne peut douter que les hommes ne l'aient habité dès une haute antiquité. La présence de silex taillés, de flèches ou pointes de flèches et de lances en pierre, qu'on trouve en abondance près de *La Tombelle* et dans le voisinage du trou à marne cité plus haut, vers Douchy, en est un sûr garant. Les temps préhistoriques ont donc vu des hommes fixés en cet endroit, au moins à l'époque quaternaire. Holnon fabriquait alors, dans son atelier néolithique, des quantités de ces armes primitives. Le grand nombre de flèches pourrait bien faire penser qu'une bataille se serait livrée dans ces environs. Ce n'est qu'une conjecture.

L'âge de la pierre polie n'a pas laissé d'autres traces. Mais nous avons un monument curieux du culte des populations d'alors, dans le menhir dit *Pierre à bénit* (1) maintenant sur le terroir de Tugny, mais à 100 mètres au plus de celui de Fluquières et de *La Tombelle*. Pierre limitante ou idole, monument commémoratif ou funéraire, ce menhir a dû, par la suite, donner naissance à bien des légendes et des superstitions. Mais à peine en reste-t-il un souvenir et à peine connaît-on son existence.

La Tombelle, ou son nom, du moins, a survécu aux siècles. C'est actuellement une colline élevée de 10 ou 15 mètres au plus au-dessus de la plaine environnante, à 7 ou 800 mètres du village, sur le chemin d'Happencourt. Le sommet, découronné et aplani aujourd'hui, a porté longtemps un moulin à vent (2) démoli depuis 1870. La dénomination de *Tombelle*, si fréquente dans le Verman-

(1) Ce menhir se dresse à peu de distance du chemin de terre de Tugny à Roupy, peu après la croisée de celui de Fluquières à Happencourt. C'est une masse élevée de deux mètres au-dessus du sol, en forme de parallélipipède rectangle, (placé dans le sens de la longueur) un peu effrité aux angles. M. Ch. Poëtte fait judicieusement remarquer que cette situation au milieu des bois d'alors le mettait à l'abri des profanations. Promenades aux environs de Saint-Quentin. Fluquières, page 141.

(2) Indiqué déjà dans un document de 1778. Archives départementales, G. 876.

dois pour désigner des éminences, semble indiquer une sépulture : on connaît d'ailleurs la coutume qui consistait à amasser des terres ou des cailloux (1) à l'endroit où reposait un corps ; de plus, la chambre sépulcrale, puis, quand l'incinération fut adoptée, l'urne funéraire étaient ainsi à la fois protégées et leur emplacement nettement indiqué à la vénération du peuple. Rien n'est venu confirmer cette hypothèse, la petite carrière ouverte presqu'au centre de l'ancienne butte n'a rien révélé. Il reste donc que notre *Tombelle* serait un poste d'observation gallo-romain utilisé dans ces temps de soudaines invasions et ayant pu, par des signaux, des feux, correspondre à d'autres mottes de même genre, par exemple à celles d'Étreillers, de Foreste et de Tombes (2).

(1) Mérimée, dans Colomba, raconte que chaque passant avait soin de jeter sa pierre à l'endroit où quelqu'un était enterré ou avait péri, et qu'on peut voir en Corse de ces petits monuments.

(2) A la limite du terroir de Fluquières, vers Vaux, s'élevait encore, il y a 7 ou 8 ans, sur une petite butte, à un carrefour aussi, le moulin de Cagny, très ancien également (1749. Archives départementales, G. 797). Le chemin qui limite le terroir de Fluquières se nomme le chemin de l'Homme Mort. Le problème se pose : y avait-il là une véritable tombelle, ou une découverte quelconque de sépulture a-t-elle déterminé cette appellation ? — M. Poëtte a fait remarquer aussi la proximité du menhir de la tombelle : ajoutons-y la présence immémoriale d'un calvaire, comme pour sanctifier ces lieux.

La position de la tombelle de Fluquières, à un carrefour d'où partent des chemins allant vers Roupy, Happencourt, Tugny, dominant une vaste plaine, s'expliquerait ainsi.

On n'a pas découvert d'autres vestiges de l'occupation romaine. Néanmoins, on ne peut mettre en doute que Fluquières n'ait été habité alors, vu son voisinage de Vermand, où les conquérants occupaient un camp retranché ; de Marteville, où des tombeaux découverts attestent un établissement permanent ; de Lanchy, où l'on trouve, à fleur de terre, des fragments de brique, des poteries, des objets d'ornement ou de luxe qui indiqueraient la résidence de quelque personnage important (1).

Il nous faut placer ici, comme témoignage de l'antiquité de Fluquières, les « caves de guerre » situées dans son terroir. Sont-elles des « muches » gauloises, des cryptes d'approvisionnement ? Ont-elles servi de refuges, datent-elles des temps préhistoriques ou sim-

(1) M. Commain, cultivateur, possède une intaille très fine en onyx, qui paraît être un cachet et représenter Minerve.

plement du XIVe, du XVe siècle, de la guerre de Cent Ans? On n'a guère tranché le débat. « *Antea specus erant prœ domibus* (1) : autrefois, on habitait des grottes, des souterrains ». Cette affirmation peut ne s'appliquer qu'à des cavernes creusées au flanc d'une montagne, aux « creuttes » si communes dans le Laonnois et le Soissonnais. Comme demeures permanentes, c'eût été trop humide, trop malsain (2). Comme retraite, la moindre fumée aurait décelé les réfugiés, et il eût été bien facile de les étouffer, traitement que César fit subir, à ce que dit Florus, aux Aquitains : « *Jussit includi :* il les fit enfermer ». Quant au nom de « caves de guerre », il s'expliquerait en ce que, magasins souterrains, dépôts de denrées ou de grains (*receptaculum frugibus*, dit Tacite des Germains), elles étaient utiles, en cas d'invasion, pour dissimuler à l'ennemi les ressources les plus précieuses, précaution qu'on a prise à toute époque (3).

(1) Pline le Jeune. Histoire naturelle, VII. 57.

(2) Cf. E. Fleury. Les monuments du département de l'Aisne, I, page 165.

(3) Cf. G. Lecocq. Etudes sur le canton de Vermand :

Les caves de guerre sont d'ailleurs nombreuses dans le Vermandois : Beauvois (1), Lanchy (2), Happencourt, Douchy (3), pour ne citer que celles dont nous sommes certain, aux environs de Fluquières, en possèdent.

On a présumé dans notre village l'existence de trois (4). L'une serait à 100 mètres, à l'Est de l'Eglise, près la rue de *Là-dessous* : simple supposition quant à l'endroit réel ; l'autre existe à 200 mètres, Nord-Ouest de

Beauvois, où l'auteur, à propos d'une cave de guerre qu'il décrit, résume avec précision les travaux de MM. Bouthors et Noulet sur cette question controversée. Nous n'avons fait que résumer nous-même cette intéressante dissertation. M. Lecocq conclut à voir dans ces souterrains des cryptes d'approvisionnement. En 1870, une des trois caves de guerre de Fluquières a servi de nouveau à « mucher » des meubles, vêtements, et l'on verra plus loin que le souterrain dont nous donnons le plan avait recouvré en partie sa destination de « *receptaculum frugibus* ».

(1) La cave de guerre de Beauvois est une des plus vastes. M. Lecocq l'a étudiée en détail. Beauvois, pages 6, 7 et plan.

(2) Caves inexplorées sous l'ancien moulin et à deux autres endroits.

(3) Cave découverte en démolissant l'ancienne église, vers 1864. — Cf. l'intéressante notice sur l'église et le village de Douchy, par M. l'Abbé Brancourt, page 50, au bas.

(4) Deux seulement sont signalées dans un questionnaire adressé en 1859 par M. Gomart à M. Dubois, instituteur, d'une façon vague d'ailleurs. Il y a certainement là un travail d'ensemble qui serait curieux..... et long, à faire, sur ces caves du Vermandois.

l'Eglise, dans la propriété de M. Démaret, rue de Germaine ; elle a son entrée actuelle par le puits qui l'a sans doute fait découvrir : nous n'avons pu l'explorer.

La troisième, la plus facile à étudier, se trouve dans la ferme de M. Ledoux-Bédu (anciennement à M. Vinchon) ; elle traverse le triangle formé par l'intersection du chemin dit *Du Pavé* et du chemin d'intérêt commun n° 19, qui tous deux rejoignent la route nationale.

La descente est aisée ; 40 marches en grès, dont 20 sous voûte briquetée, puis, après un palier de 2 mètres carrés, avec niche briquetée à droite, 20 autres marches, dont 5 sous glaise, et 15 sous marne, y conduisent. Ces marches ayant de 0 m 18 à 0 m 20 de hauteur, la cave s'ouvre donc à une profondeur de plus de 7 mètres. Nous voici dans un couloir qui, à droite, donne accès dans une chambre D dont la voûte, comme celle des autres, est taillée en ogive, à vif, dans la marne, à une hauteur de 3 mètres en moyenne. A gauche, nous pénétrons dans un second couloir qui aboutit d'un côté à la chambre I, d'où l'on va à la chambre H, de là à la chambre G, enfin à la chambre

CAVE DE GUERRE

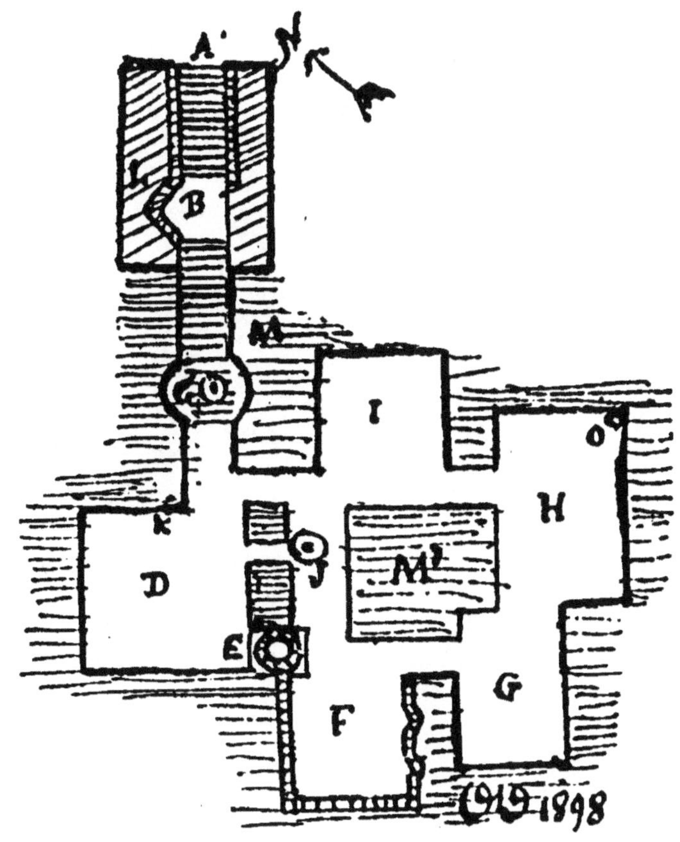

Légende

A Descente actuelle de cave
B. Palier. C. Puits d'aération (?) bouché
DFGHI chambres
E. Puits briqueté
K. Excavation en forme de soupirail. J. Petit puits d'aération (?)
L. Argile. M M' marne
O. Petit trou en forme de terrier

F, et de l'autre, communique également à la chambre D. On se trouve ainsi avoir fait le tour du massif M' autour duquel semblent rayonner les diverses parties du souterrain. La chambre F a été solidement briquetée avec petites voûtes d'appui, vers G, et en E, elle a un trou briqueté en forme de puits, dont la base carrée s'arrondit par des pendentifs, et de 1 mètre environ de diamètre à la naissance du cylindre. Ce puits avait son ouverture, obstruée aujourd'hui, dans la cave d'une maison qui fait face à la rue de *Là-Dessous*, et qui, il y a 50 ans, était un hangar ou une grange. Par là, on descendait du cidre et autres provisions en F, où l'on avait une température toujours saine et normale. Les travaux de maçonnerie datent probablement de cette époque. Deux autres trous d'aération en J et en C sont bouchés à une certaine hauteur, par de la glaise. J a 0 m 60 de diamètre à la base, C, près d'1 m. Nous n'avons relevé aucun vestige curieux : en K, une sorte de soupirail, en O, un trou très étroit ; en face de C, à la 30e marche, une ouverture à peu près comblée, peu profonde.

Les chambres ont de 4 à 5 mètres de longueur et largeur moyennes. Le souterrain, dans son entier, n'à pas plus de 12 à 13 m. dans ces deux dimensions. Il n'est donc pas très vaste, et sa disposition paraît peu conforme aux types d'autres caves de guerre connues. Peut-être, si l'on voit dans les excavations en B et C les entrées obstruées de nouvelles ramifications, aurait-on un plan presque identique à celui de la cave de Beauvois : un couloir central, long, percé latéralement d'ouvertures donnant sur des chambres ; d'autant que l'entrée en pente douce pouvait se trouver en A, comme maintenant. Entre les marches de grès et sous l'escalier, des vides semblent exister, on croit sentir comme un terrain mal rassis. Il serait difficile pourtant de vérifier ces hypothèses. Dans la suite des années, des éboulements se sont certainement produits, qui empêcheraient une enquête définitive. De çà, de là, malgré la résistance de la marne, des fissures apparaissent, hâtées par les travaux de construction, les terrassements qui bouleversent le sol, si bien qu'à une époque donnée, ces intéressants souterrains auront disparu partout.

L'histoire de Fluquières, à ces temps reculés, reste obscure (1). La Confédération des peuples francs ayant d'abord triomphé du général romain Décius, se répandit dans le Hainaut et le Vermandois en pillant et dévastant tout.

Julien sut les tenir en respect. Puis, vers 406, les Suèves, Alains, Vandales, franchissent le Rhin, ravagent la Gaule-Belgique. Les Francs à leur tour avancent peu à peu, jusque St-Quentin. Le Vermandois n'échappe pas ensuite à l'invasion des Huns. Clotaire 1er gouverne cette province, dont Sigebert s'empare, qu'il perd bientôt. Clotaire II, seul roi des Francs, en devient le possesseur et la transmet à ses successeurs. En 687, la rivalité de la Neustrie et de l'Austrasie se termine, aux environs de Testry (2), par la défaite de Thierry III.

Notre village subit sans doute toutes les vicissitudes qui accompagnèrent et pré-

(1 Nous résumons une partie de l'Histoire populaire de la Ville de Saint-Quentin, par M. Jamart, couronnée en 1878 par la Société Académique.

(2) La bataille eut probablement lieu sur le vaste plateau de Beauvois, et vainqueurs et vaincus durent ravager une fois encore les villages où ils passèrent.

cédèrent les rois Mérovingiens. Ceux-ci n'étaient pas que conquérants : entre temps, ils se plaisaient dans les villas qu'ils avaient construites dans des lieux fertiles, où ils s'adonnaient à l'agriculture. Leurs leudes les imitaient probablement, et peut-être une métairie a-t-elle existé à Fluquières ou non loin : la proximité du cimetière mérovingien de Tugny, le chemin de St-Quentin à Ham, par Savy, Douchy, Villers-St-Christophe, datant — on le peut supposer — de cette époque, autorisent presque cette croyance.

Cependant, pour alléger ces maux de l'invasion, le Christianisme avait pénétré en Gaule. Saint Quentin et ses deux compagnons apportaient l'évangile aux barbres et fécondaient de leur sang la vieille terre gauloise. En 365, le *Vicus Sancti Quintini* devenait évêché, prérogative attachée ensuite à Noyon par Saint-Médard, en 531.

Fluquières, que les documents nous représentent comme ayant presque toujours été terre ecclésiastique, aurait déjà dépendu, il est vraisemblable de le conjecturer, d'un des Abbés-Comtes (1) qui gouvernèrent l'église de

(1) L. Jamart, op. cit., p. 22.

St-Quentin, après la retraite de Saint Médard.

Pendant les six siècles qui nous séparent du premier document où se montre le nom de Fluquières, ce village suivit la fortune du Vermandois : incursions répétées des Normands (851, 859, 879) ; guerres privées sous les Comtes qui possédèrent cette province, éternelle convoitise, semble-t-il, des ambitieux.

CHAPITRE III

1166. — En 1166, sous le gouvernement du Comte Raoul II le Jeune, l'église de Fluquières était, dit Colliette (1), peut-être depuis longtemps déjà « l'église matrice du doyen et du doyenné de St-Quentin ; elle fut donnée au doyen de cette chrétienté pour y faire sa demeure, elle lui fut totalement affectée et à sa dignité ; et quand, dans la

(1) Mémoires sur le Vermandois II. p. 318 et suivantes. « Le curé de Fluquières avait sous lui un vice-gérant nommé par l'évêque pour suppléer ce doyen, dans le cas d'absence, de maladie ou de mort ». Cité par M. J. Lecocq — Fuquières, p. 9.

suite, ce doyen fut choisi d'entre les curés des autres paroisses de son doyenné, cette église, cette cure restèrent toujours dans sa dépendance et devinrent de son patronage. Le mot chrétienté ajouté au nom de doyens indique clairement qu'ils étaient chargés des « églises baptismales où l'on rendait chrétiens les petits enfants nés dans tout le circuit d'un décanat ». Les églises matrices, ou *Plebes*, avaient donc un baptistère ; les autres, inférieures en dignité, étaient dites *minores tituli*. Les doyens « certifiaient les donations faites aux églises, en expédiaient les chartes, prononçaient sur les contestations qui étaient portées devant eux et décernaient les peines et des censures. Ils jouissaient ordinairement de revenus importants ; ils avaient chevaux et équipages, et menaient parfois si grand train, qu'en 1179, le Concile de Latran leur défendit d'avoir plus de deux chevaux d'équipage lorsqu'ils visitaient les paroisses » (1).

Adrien Lenglet clôt la liste des doyens de Fluquières (1746-1758).

(1) M. Poëtte, op. cit., pp. 158, 159.

1187. — Dès le XIIe siècle, l'abbaye de Fervaques (1) avait le « droit de recueillir et percevoir chacun ou toutes les grosses dismes de Fluquier et de Vilers-St-Christophe et deux muys de froment légatez par feu Marie de Péronne en prenant l'habit de religion à Fervacque, à prendre sur la disme, l'an 1187... »

1190. — « L'an 1190, Estienne, evesque de Noyon, confirme à notre église le droict de toutes les dismes de Fluquiers que Geofroy de Cartheigny, chevalier, nous avoit vendu par le consentement et amortissement de Jehan, fils de Gillette de Péronne, de qui ladite disme estoit tenue en fief...... Il appartient à notre abbaye le droit de carion sur la disme de Fluquiers » (2).

Une nouvelle guerre entre Philippe-Auguste et Eléonore, dernière comtesse de Vermandois, se termine par la réunion de la province à la couronne, en 1214.

1248. — C'est sous le règne de Louis IX,

(1) Cette abbaye, alors à ses origines, devint ensuite extrêmement riche et puissante. Mais les religieuses dispersées plusieurs fois par les ennemis envahisseurs, durent s'établir à St-Quentin même, où leur monastère eut un renouveau de splendeur. Cf. Jamart, op. cit., pp. 65, 66.

(2) Archives de l'Aisne, H. 1624. p. 116 : Revenus de Fleuquier, anciennement Felchière.

en 1248, que se place une affaire d'une certaine importance intéressant Fluquières, et rapportée par Colliette. Le principal personnage, en l'occurrence, fut le Coûtre de l'église de St-Quentin. Coûtres, custodes ou trésoriers, étaient comme les gardiens de l'église et de ses biens. Ils existaient dès le VIe siècle, et, dès lors, avaient de nombreuses prérogatives. « Le jour de la prise de possession, le Coûtre avait une entrée solennelle comme celle d'un souverain, portait la mître comme les évêques, montait une mule conduite par le Sénéchal du Vermandois, à qui ensuite elle était livrée, affranchissait de leur exil tous les bannis de la ville, et armé d'une grande juridiction, tenait chez lui cour de plaids, et prononçait la justice au dehors par des magistrats de son choix » (1).

Les avantages matériels de cette charge n'étaient pas d'ailleurs méprisables : « Les rois avaient attaché à cette dignité un ample revenu. Elle avait, outre cela, l'autorité des anciens abbés sur le temporel de l'église et sur la police intérieure du chapître et du

(1) Fouquier-Cholet : Des mœurs, etc., de la ville de Saint-Quentin, p. 37.

chœur. Elle devint odieuse : on la supprima en 1484 » (1). Les revenus furent alors réunis à ceux du chapitre.

Le Coûtre dont nous entretient le mémorialiste n'avait pas cependant une grande autorité. Simon (c'était son nom), élu en 1248, voulait user de son droit d'amnistie. « Le magistrat de la commune y mit opposition, prétendant que c'étoit par grâce qu'on avoit laissé cette liberté aux exilés : faveur révocable dont il refusoit de leur accorder la continuation. On incidenta beaucoup de part et d'autre. L'absence momentanée du Coûtre accrocha les prétentions et les poursuites. Il les renouvella à son retour. Le magistrat réitéra les siennes. Enfin, sur la protestation que fit Simon de ne pas vouloir préjudicier par sa demande aux droits du Mayeur et de la commune, et de ne tenir la grâce qu'il requéroit que de leur bienveillance, on permit aux bannis d'entrer dans la ville ; et dès lors on en introduisit plus de cent. L'acte de non-préjudicier, délivré par le Coûtre, fut fait en présence du doyen Vermond de Laboissière ;

(1) Almanach de Picardie, 1756, pp. 109, 110.

de Hugues de Caprais, chanoine de Paris ; de Guillaume Virent, chanoine de St-Omer ; de Jean de Fleuquières, chanoine de Péronne et d'Aire ; de Jean, sénéchal de St-Quentin ; de Robert de Glocester ; de Gérain du Bois ; de Raoul et de Colard de la Boissière, frères, et de Soïbert, chanoine de St-Quentin. De la part de la commune, assistèrent deux anciens Mayeurs, savoir : Roger de Villiers et Jean Pateller ; Jean Cochons ; Gautier de Gibercourt, aussi ancien Mayeur ; Gautier le Cat ; Mériaus et Jean Isaac ».

1288. — S'il y eut des seigneurs à Fluquières, ils ne nous sont pas connus. En mars 1288, la Seigneurie fut léguée à l'abbaye de Panthémont, ordre de Cîteaux, diocèse de Paris, et peu importante. L'acte d'amortissement de ces biens « traduit du latin » mentionne le nom du donateur, Robert de Pourcellet. La similitude de ce nom avec celui du donateur qui figure dans un autre document, ne permet pas d'affirmer qu'il s'agisse là d'un véritable seigneur (1).

(1) Archives départementales, G. 797. Gros registre, lisiblement écrit, portant l'inventaire analytique de pièces diverses, de 1200 à 1789, commencé en 1776, et dont les originaux ont malheureusement disparu.

1289. — Robert Pourcellet, bourgeois de St-Quentin, dote la chapelle de Ste-Anne dont il était le fondateur, en l'église collégiale de la ville, d'une rente de 16 muids de blé à prendre sur la terre de Fluquières, legs confirmé par une charte de Philippe le Bel. Les chapelles de St-Denis, St-Nicolas et Ste-Aimée jouissaient aussi de revenus pris sur des terres au même lieu (1).

12..13.. — L'ordre des Templiers, créé en 1118, reconnu en 1127 par le Saint-Siège, après être resté confiné en Palestine, s'était répandu en Europe et avait accru au plus haut point ses richesses et sa puissance. Il possédait 9.000 châteaux et maisons. Cette prospérité et cette force, jointes à de nombreux autres griefs vrais ou faux (communs d'ailleurs à eux et à la plupart des seigneurs) (2), mirent les Templiers en butte à la jalousie et à la haine des rois. Philippe le Bel, qui avait brisé les résistances du pape, qui craignait peut-être aussi que ces chevaliers ne devinssent contre la royauté des auxiliaires

(1) G. Lecocq, Fluquières, p. 7.

(2) Ivrognerie, cupidité, débauche ; d'où le proverbe encore vivant : « boire comme un Templier ».

pour les seigneurs féodaux, résolut d'abolir leur ordre d'ailleurs sans objet. Le 12 octobre 1307, les Templiers étaient arrêtés dans toute l'étendue du royaume, selon des ordres royaux expédiés secrètement à tous les Sénéchaux et Baillis. La torture arracha à la plupart des aveux, punis par la prison, puis, pour un grand nombre, par le bûcher ; le grand-maître Jacques Molay périt ainsi. En 1312, Clément V se résignait à l'abolition de l'Ordre. Les biens des Templiers furent donnés aux chevaliers de St-Jean.

Templeries, telle était l'appellation des maisons de Templiers, nombreuses dans ces contrées (1). Fluquières était le siège d'une de ces maisons. La Commanderie d'Etrépigny (Somme) avait autorité sur les succursales de moindre importance. Cette Commanderie, d'après Colliette, profita de la ruine des maisons voisines, et dura de 1150 jusqu'en 1728. Le dernier commandeur fut Pierre-Louis de Brevedent de Sahur, 49e dans cette dignité (2).

(1) A Montescourt, Maurepas, Rocourt. Colliette dit que : « Les Templiers possédaient des dîmes, des terres, des prés, des eaux, des bois et des forêts en mille endroits ».

(2) M. Poëtte, op. cit., pp. 159, 160, 161, 162.

La *Templerie* de Fluquières, dont le nom est resté vivant, dont le souvenir est demeuré chez beaucoup d'habitants du pays, se trouvait dans l'ancien parc de M. Vinchon (actuellement à M. Ledoux). Elle existait encore — du moins le bâtiment — en 1859 (1). Avait-elle été rebâtie ou restaurée ? C'est probable. En tout cas, elle avait la forme d'une chapelle. Beaucoup de fenêtres étaient bouchées, et à l'entrée, sans doute des 2 côtés de la porte, se trouvaient des tourelles-poivrières. Elle servit aussi d'église durant la construction de la nouvelle, de 1855 à 1857.

1317. — Périnne Haisette, de Fluquières, vend, en présence des échevins de Tugny, à Henry de Gauchy, « canoine de l'Eglise de Saint-Quentin, une sextrellée et 14 verges 1 quart de terre, moyennant 8 livres parisis » (2).

— De par sa charte communale, St-Quentin jouissait alors de nombreuses prérogatives. Mais les officiers royaux qui y résidaient, en

(1) Questionnaire de M. Gomart aux instituteurs : « Une Templerie existe dans la propriété de M. Jules Vinchon : elle sert de grange. »

(2) M. Poëtte : op. cit., p. 163.

éprouvaient une sorte d'envie et essayaient de faire contester les droits de la Commune.

Malgré la teneur précise de l'article VII de la charte : « La Commune ne pourra exercer la justice hors de la banlieue, mais dans ses limites, elle l'exercera telle qu'elle le devra »; en 1272, la peine de mort, enlevée à la Commune pour crime, était réservée au roi. Par contre, Philippe le Long, en 1316, rendait aux magistrats municipaux l'exercice de la justice de la banlieue, ce à quoi s'opposaient le Bailli du Vermandois et le procureur du roi. Mais, l'année suivante, un certain Roger de Fluquières, coupable de désordre dans St-Quentin, à la suite d'une rixe avec un Thomas du Bus, au lieu d'être jugé par la Commune, vit sa cause évoquée par le roi, dont il était sergent. Après diverses contestations avec le Mayeur et les jurés de la ville, un arrêt du Parlement (décembre 1317) suspendit la Commune de St-Quentin et la mit entre les mains du roi pour « du tout faire suivant sa volonté ». Un officier du roi fut chargé de l'administration de la justice de la Commune, qui recouvra ses droits en 1322, moyennant

600 livres tournois de peine pécuniaire (1).

1324. — Fluquières, à 10 kilomètres seulement de Ham, devait, au couvent de cette ville, selon une charte ainsi désignée : « Chest la déclaration de la temporalité des religieux, abbé et couvent de l'église Notre-Dame de Ham-en-Vermandois » et scellée « le VIIIe janvier l'an mil CCCXX et quatre », un revenu qui « en justice, en terre arables, en cappons et en argent chacun an » valait « XII livres X solz VII deniers ou environs ».

Le Coûtre de l'église de St-Quentin avait « de chaque setier de terre, ès terroirs de Dury, Tugny, Bray et Fluquières, 6 deniers oboles valant 35 livres........ sur chaque maison de Tugny, Dury, Lavesne et Fluquières qui ne possédait pas de terres tenues de la Coûtrerie, chacun 12 deniers ; 50 poulets sur 50 maisons aux mêmes terres » (2).

Quelques années après, les Anglais menaçaient St-Quentin, brûlaient, détruisaient des

(1) Archives anciennes de St-Quentin, I. (volume édité avec luxe par M. Poëtte. — Jamart, op. cit., pp. 40, 44. — Poëtte, op. cit., p. 150.

(2) G. Lecoq, Fluquières, p. 8. — M. Poëtte, op. cit. pp. 150, 151.

villages entiers et terrorisaient les populations.

Dans l'été de 1358, les paysans, exaspérés des maux de la guerre, commencèrent à se soulever dans le Beauvoisis. La révolte s'étendit bientôt dans le Vermandois : St-Quentin obtint, quand les troubles de la Jacquerie furent réprimés, des lettres de rémission du roi.

1353. — Le 4 mai 1353, dans le relief payé par Juans (ou Ivans) Carbonnes (ou Carbonnel) fut relevé un fief dont il est question dans une autre charte de 1367, où Juans Carbonnes déclare tenir du roi, à titre de bail fait à sa femme Ysabel de Biévresis (Beauvois ?), 12 moies de terre en plusieurs champs, situées à Fluquières et Etreillers. Le bail était de 24 livres par an (1).

1373. — Un autre acte (31 mai) contient la reconnaissance suivante : « C'est ce que je, Ivan Carbonnes, bourgeois de St-Quentin, comme baulx de ma femme tiens et adveue à tenir du roy notre seigneur en foy et hommage : ung fief contenant XII moies de

(1) Cité par M. Poëtte, op. cit., p. 151.

terre ou environ séans ès terroirs de Flequières et d'Estraillers en ces lieux, c'est assavoir en la cousture de Cungny (Cagny ?) devers Flequières VI moyes et IIII sextiers de terre ou environ. Item en celle même cousture II moyes et VI sextiers de terre ou environ. Item d'autre part le piesge en ces mêmes coustures une moye de terre. Et dessoubs de Marlière Mareschal et d'autre part les Roiars de Caulencourt ou terroir d'Estraillers XIII sextiers de terre ou environ. Et doivent toutes les terres dessus dites redisme avec le disme de Dieu toutes fois qu'elles sont carchies de blé chacun an ung sextier de blé et autant à l'avoine quand elles sont carchies d'avoine. Et ce dénombrement fais-je sauf le plus et sauf le moins et ne volroie ne perdre le plus pour le moins ne le moins pour le plus ; car se plus en savoie plus en dénommeroie ou plus tôt qu'il venroit à ma congnoissance.

En tesmoing de ce j'ay ce présent dénombrement scellé de mon propre scel duquel je use et entens à user, qui fu fais le dernier jour de may l'an mil CCCLXXIII (1) ».

(1) Lecocq, Fluquières, p. 7. — Poëtte, op. cit., pp. 152, 153.

CHAPITRE IV

Deux siècles s'écoulent alors pendant lesquels n'apparaît pas le nom de Fluquières (1). Dans cet intervalle, le Vermandois et St-Quentin avaient subi les assauts des Bourguignons, qui s'emparèrent de la ville (1420). En 1422, après le traité de Troyes, le pays devenait anglais. Le traité d'Arras, en 1435, cède le Vermandois à Philippe de Bourgogne, le roi conservant son droit de rachat. En 1463, Louis XI en reprend possession, puis le rend au duc en 1465, au traité de Conflans. En 1470, le connétable de St-Pol entre à St-Quentin et l'occupe au nom du roi. Mais, déjà en possession de Ham, Bohain, Vendeuil, Guise, le connétable tenta de soustraire St-Quentin au roi. Dans ce but, il s'allia au duc de Bourgogne, puis à Edouard II, roi d'Angleterre, qui arriva de Péronne à St-Quentin, dont les habitants repoussèrent

(1) Sauf dans un bail des terres du chapitre, signalé en 1485. Archives départementales, G. 797.

à coups de canon les Anglais qui croyaient entrer en toute sûreté et ne trouver que des amis. Le 24 août 1475, le traité de Picquigny débarrassait Louis XI de l'Angleterre ; le 13 septembre, celui de Vervins, avec Charles le Téméraire, signait la perte de St-Pol, qui fut exécuté en décembre (1).

Cette époque, féconde en malheurs pour le Vermandois, avait vu aussi l'héroïsme de Jeanne d'Arc, puis la trahison de la pucelle par Jean de Luxembourg, dont le fils devait expier chèrement la faute.

St-Quentin et les environs avaient tenté la cupidité de Maximilien d'Autriche qui essaya en vain de surprendre la ville (1486). Le traité de Madrid, conclu entre François 1er et Charles Quint, puis la paix de Cambrai, en 1529, assurent au pays quelque repos et le remettent sous l'autorité et en la possession du roi de France. Pourtant, en 1536, les Impériaux, au nombre de 300.000, commandés par le prince de Nassau, font irruption en Picardie, mais ils craignent une résistance

(1) Voir pour ces faits : Jamart, op. cit., chap. V.— Lecocq : St-Quentin, pp. 8, 9. — Pétréaux. Notice sur la ville de Bohain, p. 40 et suiv.

sérieuse, et abandonnant St-Quentin, vont échouer contre Péronne. En 1543, nouvelle tentative devant Bohain et nouvel échec.

1547. — Un sieur Châtelain, de Fluquières, est condamné « ès dépens » pour contravention aux règlements de justice et police champêtres, dans une terre située au lieudit « Les riés, tenant d'une lizière à Andrien Lenglet (1) ». Il lui est fait « inhibitions et deffenses d'aller et mener bestes ès bleds verds, en entreprenant sur la justice, juridiction des dames de l'abbaye de Panthémont » (2).

En 1557, St-Quentin est menacé par 55.000 Espagnols et bientôt investi. L'armée française, 20.000 hommes au plus, ne put qu'arriver à La Fère avant l'investissement. De là, par le chemin de Ham, passant probablement à Fluquières, Coligny parvint à faire entrer dans la ville quelques centaines de soldats. L'organisation de la défense fut merveilleusement faite par Coligny, secondé par

(1) Ancêtre sans doute du curé de ce nom qui fut doyen de Fluquières en 1746.

(2) Archives départementales, G. 797.

Caulaincourt (1) et d'Amerval qui formaient de vaillantes compagnies de gens du pays. Enfin, malgré leur héroïsme, le 10 août, nos troupes subissaient une défaite, punition trop cruelle du présomptueux et téméraire Montmorency, leur chef. Enfin le 27, l'assaut fut donné : l'énergie, la valeur des St-Quentinois, attaqués par un ennemi vingt fois supérieur, furent inutiles. Les Espagnols, maîtres de la ville, la livrèrent au pillage et à la dévastation. Mais, en 1559, la paix du Cateau-Cambrésis la rendait à la France, ainsi que le Vermandois.

1565. — En 1565, au mois de mai, une sentence criminelle est rendue « par le bailly général des terres du chapître » contre « Magdeleine Robert » de Fluquières, qui est condamnée à « être représentée en un samedy jour du marché dudit St-Quentin... à 9 heures du matin attendant 10, au devant du grand portail de la dite église de Saint-Quentin, et icelle à genoux tenant une torche de cire ardente, dire et déclarer à

(1) Son château, situé au village du même nom, fut incendié alors et relevé en 1565, Malte-Brun, France illustrée, Aisne, page 33.

haulte voix intelligible que contre l'édit du Roy elle a célée sa grossesse et enfantement, mal, inhumainement, et contre le deû de nature usé de son dit enfant, icelui porté et caché secrettement au bout d'un jardin entre un muret de terre et des épines, et qu'elle s'en repent, en requérir mercy à Dieu, au Roy et à justice et pour plus ample réparation dudit cas, à estre attachée et estranglée à un poteau de bois qui sera planté dans la rue audit Fluquières, en la justice et seigneurie desdits Doyen, chanoines et chapitre... ce fait, son corps à estre jecté en ung feu ardent au pied dudit poteau, ardz et consommé en cendres... de laquelle sentence la ditte à appellé à la cour du Parlement de Paris » (1). Celle-ci confirma l'arrêt. Telle était la justice barbare « au bon vieux temps. ».

La Saint Barthélemy n'eut guère de contre-coup à St-Quentin ou dans les environs (2). Les prédicants, dès 1562, avaient été expulsés: leurs paroissiens le furent ensuite sans ces

(1) Archives départementales, G. 797.

(2) Pommery, à un kilomètre de Fluquières, était alors un centre de propagande calviniste; la religion réformée s'y est maintenue jusqu'à nos jours. Cette existence d'un îlot protestant au milieu de villages catholiques est intéressante à constater.

violences fratricides qui ensanglantèrent d'autres villes.

1576. — Le 13 septembre, une assemblée des maires était tenue à St-Quentin, convoquée par la Prévôté, et présidée par Nicolas de la Fons, seigneur d'Happencourt, en vue de rédiger leurs plaintes et doléances pour la réunion des États-Généraux de Blois (1). Les membres de l'assemblée désiraient entre autres choses : « Remoustrer que les tailles qui se lèvent journelement par le roi notre sire sur son peuple sont fort grandes pour ce quilz sont ès païs frontières sujets à gens de guerre qui entent es garnisons es villes frontières, lesquels gens a faulte de paie sortent hors de leur garnison et vont par les villaiges, prendrent et pillent lesdits constituans et aultres pauvres laboureurs joinct même que pour leur cruauté il leur est loisible d'habandonner leurs masons et lieux et leur délaissent et vont à leur discrétion et habandon, tellement que lesdits constituans n'y peuvent fournir.

Remoustrer oultre pour lesdits constituans

(3) Les suivants, en 1588, également à Blois, furent célèbres par l'assassinat du duc de Guise.

qu'il plaise à sa Majesté le roy que les monnoies eussent cours vers les receveurs des tailles et aultres comme estant à présent des aultres marchandises.

Davantage remoustrer que les constituans ont baillé mutations de vivres et argent aux gens de guerre estant sous la soulte dudit Sire roy et principallement aux rustres qui ont entrez en ce pays de présent deux ans en cas et desquelles mutations de vivres n'ont les dits constituans esté récompensez ni salariez.

Oultre ce silz leur convient venir ou envoyer en ceste ville de St-Quentin aux corvées pour la fortification de ladite ville de Saint-Quentin avec leurs chevaulx et basculx, tant ceux qui ont moien de le pouvoir faire que ceux qui sont constituez en pauvreté. Le tout à leur grand intérêt et généralement prometant et obligeant » (1).

Adrien Mienny (2), maire de Fluquières, était présent à cette assemblée.

— Le 26 juillet 1576, un bail de terres fut fait

(1) M. Poëtte, loc. cit., pp. 153, 154.

(2) Ce serait l'ancêtre des Mennuy (ou Mienny) que nous retrouvons jusqu'au 18e siècle, et dont un lieudit de Fluquières a conservé le nom : Pâture du bois Mennuy.

à Adrien Hénocque, laboureur à Fluquières, moyennant « trois muids de blé, d'un plat de viande de la valeur de vingt-cinq sous pour le jour de St-Jacques et de St-Christophe ». Ce contrat comprenait 17 setiers de terres labourables et autres plantées en bois. Jusqu'en 1769, on peut suivre la filière des possesseurs ou locataires de ces 17 setiers : nous les retrouverons à leur ordre chronologique.

1584. — Un acte de « saisine et vesture », au sujet d'héritage sis à Fluquières, est fait le 13 avril 1584 par Jean Bidelin, maire et garde de justice pour le chapitre de St-Quentin. L'acquéreur était Eloy Ponthieu et le vendeur Antoine Galopine.

En 1588-1589, le Vermandois est assailli par le lieutenant du duc de Guise, Balagny ; St-Quentin résiste, et après s'être emparé seulement de Bohain et de Beaurevoir, l'ennemi avance vers Senlis. Les milices du Vermandois se distinguèrent sous le commandement du duc de Longueville. En 1590, Henri IV, maître de son royaume, visite St-Quentin où il revint plusieurs fois. En 1593, les Espagnols pénètrent en France par Guise, prennent Noyon et remontent à Bohain, qu'ils reprennent. Le traité de Vervins, en 1598, puis l'édit de Nantes, donnent à la France la paix intérieure et extérieure.

Sous le règne de Henri IV, l'industrie du tissage, ruinée par la guerre de 1557, reprit un nouvel essor par la culture du lin, la création de fabriques de linons, dues à l'initiative de Crommelin (1579). La ville de St-Quentin et les villages d'alentour s'occupèrent au commerce des toiles fines.

1605. — Le 12 mai 1605, est fait un contrat de vente à surcens au profit de Martin Bayard, des terres désignées en 1576 « moyennant le paiement de cinq cent quatre-vingt une livres une fois payées ; plus neuf livres une fois payées également pour vins bus, et à la charge des cens, rentes anciennes et foncières. » De plus, 13 livres 15 sous de surcens devaient être payés chaque année au 1er mai. (1)

1621. — Le Bailli du chapitre dresse l'in-

(1) M. Poëtte, loc. cit., p. 165. La déclaration en fut faite le 27 mai 1698.

ventaire des effets de la succession de Martin Brizard, laboureur à Fluquières. (1)

En 1636, la peste règne à St-Quentin et dans le Vermandois. La province est encore envahie dans le nord vers 1639 par les Espagnols, puis, en 1642, ravagée par eux après la bataille d'Honnecourt. En 1645, un parti ennemi qui ravageait les environs est repoussé par les St-Quentinois ; de même en 1647.

1649. — Inventaire par le Bailli du chapitre des effets de la succession de Claude Bayard, laboureur à Fluquières. (2)

1655. — Le 20 octobre 1655, Eloy Caron, demeurant à Ham, faubourg de St-Sulpice, et sa femme, Maria Pelletier, sont condamnés par sentence du bailliage de St-Quentin, à payer vingt-neuf années de surcens de vingt-cinq sous aux Hospitaliers de St-Jacques, pour les terres désignées en 1576 qui provenaient de cet hôpital (3).

En 1667, le Vermandois est donné en apanage à Louis de Bourbon, fils naturel de Louis XIV, puis rentre à sa mort dans le

(1) Archives départementales, G. 797.
(2) Archives départementales, G. 797.
(3) M. Poëtte, loc. cit., p. 165.

domaine de la couronne. Louis XIV visita souvent notre province, et St-Quentin, à l'occasion de la guerre de Flandre, qui le faisait passer par cette route.

1680. — Justice criminelle : une information est faite en décembre 1680 contre Médard Mulot, de Fluquières, qui « comme un furieux, avait frappé à mort un cabaretier et son valet, juré, blasphémé, etc. »

1696. — Un compte de cette année établit que les 17 setiers de terre provenant de l'Hôpital St-Jacques ont été aliénés par lui et qu'un certain Gavaud « qui avait fait venir ledit hôpital à sa Commanderie, a commencé un procès en désistement desdites terres (1).

— Un arrêt du conseil (décembre 1696) réunit les terres ci-dessus à l'aumône commune, en même temps que les autres biens ou donations dudit hôpital (2).

1699. — Une sentence rendue par le bail-

(1) M. Poëtte, loc. cit., p. 164.

(2) L'aumône commune était la réunion de donations et de rentes faites en faveur des pauvres, et dont le chapitre avait la disposition. Il en réservait d'ailleurs une part au détriment des indigents, pour les autres mendiants : L'institution de l'aumône commune datait de 1610. — L'Hôpital St-Jacques, destiné aux pèlerins de St-Jacques de Compostelle, de passage à St-Quentin, devenant sans doute sans objet par le refroidissement des pèlerinages, ses biens passèrent à l'aumône

liage de St-Quentin condamne Jean Bourlon, de Fluquières, et autres, à se désister au profit de l'aumône commune, des 17 setiers de terre.

1700. — Le 8 décembre, Gaucher et quelques autres habitants de Fluquières se désistent de 13 setiers et 20 verges provenant dudit hôpital. L'aumône commune leur afferma ensuite ces terres.

— Le 11 janvier, l'abbaye de Panthémont, qui possédait la Seigneurie de Fluquières depuis 1288, l'aliène au profit d'un sieur Mégret, pour 350 livres de rente. Celui-ci la vend à un nommé Gallois, 3000 livres (1).

1704. — Antoine Vinchon et Eloy Mennuy, de Fluquières, se désistent de 3 setiers de terre, dans les mêmes conditions que Gaucher en 1700.

1708. — Un bail de terres du chapitre de St-Quentin est consenti à Alexandre Viéville,

commune, comme ceux de deux autres, l'hôpital St-Antoine et St-Ladre, établis depuis le XIe siècle. — Cf. annales de la Société académique de Saint-Quentin, 1851, article de M. Damourette, p. 172 et suivantes.

(1) Archives départementales, G. 797.

mais il doit réparer l'église et payer un droit pour son colombier (1).

En 1709, un hiver rigoureux et une cruelle famine désolent le Vermandois.

1728. — Le 7 janvier, les 17 setiers de terre de l'aumône commune sont affermés à Alexandre Viéville, Jean Bourlon et autres, pour une redevance de 60 livres par an. Ce bail fut renouvelé en 1746, aux mêmes conditions, plus un pot de vin de 30 livres, puis en 1756 et en 1769 (2).

1734. — Le 28 décembre, l'abbaye de Fervaques donne à bail des terres sises à Fluquières, en ces termes : « Pardevant les notaires royaux à St-Quentin y résidant soussignés fut présente noble et révérende dame Henriette Magdeleine Desroches Dorgenges, abbesse de l'abbaye royalle Notre-Dame de Fervacques de cette ville, laquelle a reconnu avoir baillé et octroyé, et par ces présentes baille et octroye, promet faire jouir à titre de fermage et redevance en grains et

(1) Ce colombier, tour assez élevée, mais de médiocre circonférence, existe encore, dans la propriété de Mme Veuve Lemaire, née Viéville. Il a dû être restauré, sinon reconstruit, car il paraît moderne.

(2) M. Poëtte, loc. cit., p. 166.

argent à Louis Béguin, laboureur demeurant à Fluquières, à ce présent et acceptant preneur pour luy audit titre tous les droits de grosses dismes que la dite abbaye a droit de prendre et recueillir par chacun an sur les terroirs et villages de Fluquières, Germaine. Auroy, Roquerolle ès environs et selon que de tout tems l'on a coutume d'en jouir dont le dit preneur a dit avoir parfaite connaissance..... Pour les dites dixmes sus baillées à ladite abbaye appartenantes en jouir par ledit preneur le tems, terme et espace de 9 ans à la charge d'entretenir de menues réparations les chœur et cancel de l'église dudit lieu pour autant que ladite abbaye en est tenue jusqu'à concurrence de 21 livres par an. Ce présent bail ainsy fait encore à la charge par ledit preneur de payer au sieur curé de Fluquières son gros ou portion congrue et encore à la charge par ledit preneur d'en rendre et payer par chacun an au jour de St-Remy de ferme et redevance à ladite abbaye la quantité de 54 setiers de bled tels que deux setiers de froment et un tiers de seigle, avec la somme de 10 livres d'argent.....

Fait et passé audit St-Quentin au grand

parloir de la dite abbaye ce jourd'hui 28e jour de décembre l'an 1734 et ont signé : Dorigny, Bellot. »

Ce bail fut renouvelé en 1743 et en 1753. Louis Béguin devait payer alors 15 livres pour les réparations de l'église, fournir au curé sa portion congrue, c'est-à-dire : « 64 septiers de bled et 32 d'avoine » et annuellement, à l'abbaye 54 setiers de blé et 10 livres d'argent (1).

1735. — Cette portion congrue n'était pas toujours suffisante pour vivre : en 1735, pour ne pas rogner outre mesure son « gros », Adrien Lenglet, curé, puis doyen de Fluquières, refusait la dîme au chapitre de St-Quentin, pour 4 parcelles de terre, d'un setier, de 60 verges, de 24 verges, d'un mencaud, situées sur le territoire de Tugny, seigneurie relevant aussi du chapitre. Le garde du roi, fermier du chapitre, le nommé Martine, de Pithon, malgré le refus du curé, lui enlevait 15 gerbes de blé. Un procès engagé se termine par la condamnation de Lenglet devant le bailliage de St-Quentin. Grâce au

(1) Archives départementales, G. 797 — M. Poëtte, loc. cit., p. 174.

seigneur de Pommery (1), le chapitre consent à payer un tiers des frais. Mal conseillé par le curé de Savy, son frère, Lenglet revient néanmoins à la charge. On plaide encore : le cure affirme que ces terres appartiennent à la cure depuis 40 ans et qu'elles n'ont jamais été soumises à la dîme. Le chapitre apporte de volumineux mémoires, de 1316 à 1725, pour prouver son droit. Enfin le curé, pris à partie, dont « le langage dévot » dit-on, « n'est qu'un masque sous lequel il cache ses vues intéressées et son goût pour la chicane », voit sa condamnation confirmée. Mais le procès n'eut fin qu'en 1760 environ (2). C'est toujours la lutte du pot de terre contre le pot de fer.

1742. — A l'occasion de cette affaire, de nombreux plans furent dressés du « canton de Bouy » où se trouvaient les susdites parcelles (3). Les deux derniers, très nets et très curieux, sont coloriés : ils mentionnent un

(1) Peut-être un de Bammeville, calviniste.

(2) Archives départementales, G. 941. — Cité par M. Poëtte, loc. cit., pp. 156, 157.

(3) Ce lieudit, alors à Tugny, était très boisé. Son nom vient-il de là ? Il est maintenant du terroir de Fluquières, et s'appelle : En Bouy.

chemin de Sommeru, belle voie plantée d'arbres, allant de Bury, lieudit de Tugny, hameau, ou ferme entourée de bois, à Fluquières. L'appellation n'existe plus. Le menhir semble indiqué. Les villages environnants, Artemps, Tugny, Happencourt, y sont représentés à vol d'oiseau (1).

1749. — Le 24 mai, les sieurs Gallois et Muret vendent la Seigneurie de Fluquières 4.500 livres au chapitre de St-Quentin, qui doit hommage au roi pour cela. Dans le même acte, le meunier de Cagny s'engage à payer 45 livres pour chasser, annuellement (2).

1751-1758. — Antoine Saussier, blatrier, est assassiné par un certain Jean-Jacques Bedfort. L'assassin, ramené de Flandre où il s'était enfui, s'échappe en route. Le cocher et le postillon sont condamnés à l'amende ; le fermier des messageries, Osmont, paie les frais. Enfin Bedfort, rattrapé à Mons, est

(1) Archives départementales, G. 941. Le nom de ce chemin n'indiquerait-il pas la vallée d'un ancien affluent de la Somme : Somme-ru. Le mot rû désigne encore les ruisseaux, dans l'arrondissement de Château-Thierry.

(2) Archives départementales, G. 797.

exécuté à St-Quentin (1). On y avait mis sept ans !

1754. — Sentence du Bailli du chapitre de St-Quentin contre un joueur de violon qui avait fait danser un dimanche à Fluquières contre les ordonnances de police (2).

— Il est prononcé que les habitants de Fluquières ne doivent ni champart, ni terrage (3).

1756. — Un plan du territoire de Fluquières est fait par Nicolas Festard, arpenteur à Etreillers, selon les indications de Viéville Charles, Louis Béguin, Mathieu Guilbert (4).

1767. — Les collecteurs de l'impôt du sel, dont la nomination avait lieu « le dimanche à l'issue de la messe paroissiale, par le Syndic et les principaux habitants assemblés au son de la cloche » désignés le 24 août 1766 pour l'année suivante, étaient Jean Legrand et Antoine Caron. Le procès-

(1) Archives départementales, G. 797.

(2) Cela fait penser au célèbre pamphlet de P.-L. Courier : Pétition pour des villageois qu'on empêche de danser.

(3) Droits de prélever un certain nombre de gerbes sur les terres roturières qui dépendaient d'un fief, ou quelque autre redevance en nature.

(4) Archives départementales, G. 797. — L'original n'existe pas.

verbal est signé de Claude Oudin, Syndic, Viefville et Louis Béguin (1).

1771. — Fluquières était imposé à cette date à 14 minots de sel (2). Les collecteurs, nommés le 30 septembre 1770, étaient Louis Letuppe et Charles Vasseux. Ont signé : Oudin, syndic ; Viefville, Guilbert, Denis Béguin et Antoine Béguin.

Ces rôles d'impôt nous donnent quelques détails sur la situation économique de Fluquières. Le nombre des contribuables payant au-dessus de 30 sols de taille est alors de 141 ; 110 payent 30 sols et au-dessous. Le premier de la 1re classe est Alexandre Viéville, laboureur, dont le nom revient plusieurs fois dans l'histoire de Fluquières ; c'était à coup sûr le plus gros « censier » du pays ; il est imposé à 241 livres 8 sols. En revanche, le 1er de la 2e classe, Antoine Puissart « mendiant » n'est imposé qu'à 0 l. 8 sols. La « sœur d'écolle » le « cler maître d'écolle, Monsieur le Curée » et aussi sa gouvernante sont exempts de taille.

(1) Archives départementales, B. 3993.

(2) « La distribution du sel a lieu tous les mercredis et samedis de l'année, à 2 heures, à St-Quentin ». Almanach de Picardie, 1788, p. 203.

A la fin du document, on lit :

« Le Seigneur.... absent... »

Les « mandiants » sont 9, dont 8 hommes. Les corps d'état sont presque tous représentés. On y trouve 6 laboureurs, 7 tisserands, 8 mulquiniers, 5 fileuses, 2 blatriers, 1 meunier, 1 cordonnier, 1 charpentier, 1 maréchal, 1 charron, 1 « bourlier » 2 tailleurs et 2 « cabartiers » qui sont Charles Lefèvre et Quentin Percheval (1).

1778. — Dans des terres du chapitre baillées à A. Viéville, où s'ajoute à la location une rente annuelle de « 6 chapons vifs et en plumes » (2), 4 setiers 12 verges sont pris pour le nouveau chemin de Ham à St-Quentin, et un setier pour construire le moulin de la Tombelle (3).

(1) Archives départementales, B. 4073. — Nous retrouvons en 1784 Quentin Percheval (le) membre de l'assemblée municipale de Fluquières et signant comme tel.

(2) Il est curieux de remarquer, dans tous ces baux, la rente en nature qui persiste comme un vieux droit féodal ou comme un symbole constant de l'ancien échange : en 1756 « un plat de viande de vingt cinq sous », 1605 « neuf livres pour vins bus » et bien avant, en 1282 (Archives départementales, G. 797) « un chapon et 9 deniers ».

(3 C'est sans doute « reconstruire » qu'il faudrait ; en 1770, il y avait déjà un meunier à Fluquières, et un plan de la même année indique le moulin.

1784. Des baux de terres appartenant à l'abbaye de Prémontré sont faits à Nicolas Rosier, Quentin Lefèvre, Antoine Bouton, J.-L. Demarolle (1).

— Le presbytère de Fluquières étant « absolument défectueux, malhonnête, indécent », le curé d'alors, M. Courtin, écrivit à Mgr le comte d'Agay, Intendant de la Généralité d'Amiens, pour lui demander de faire visiter ledit bâtiment. M. de Bry, subdélégué à St-Quentin, communiqua cette supplique aux « syndic, habitants et propriétaires de fonds de la paroisse de Fluquières, avec charge de s'assembler et de prendre ensuite une délibération par écrit » et en informa l'Intendant le 14 mars 1784. La délibération fut adressée à M. de Bry, en ces termes :

« Monseigneur,

Les soussignés étant assemblés le dimanche 28 Mars à l'issue de la messe paroissiale au son de la cloche et à la manière accoutumée, ont pris connaissance de la lettre écrite à votre Grandeur par M. Courtin, curé de

(1) Archives départementales, H. 785.

Fluquières ; ils ont remarqué que ledit M. Courtin exposait qu'il avait trouvé le presbitaire absolument défectueux, malhonnête, indécent pour un écélésiastique, et en outre manquant par les principales pièces.

Les soussignés prient votre Grandeur de leur permettre quelques observations de la plus exacte vérité.

Ils conviennent que le presbitaire de Fluquières est ancien, qu'il a été bâti et distribué à la manière et à l'usage du temps, que ce presbitaire n'est pas aussi élégant que ceux que l'on construit dans le temps où nous sommes, et qu'au moyen de quelques menues réparations ce presbitaire pourroit encore durer 20 ou 25 ans sans courir aucun danger, excepté celui dont les soussignés feront mention ci-après à cause de l'incendie. Les principales pièces (excepté un bout de salle) dureront au moins autant que le reste du bâtiment.

La malhonnêteté et l'indécence du presbitaire dont M. le curé expose dans sa lettre ne nous est pas connue, nous ne savons s'il entend parler de l'extérieur ou de l'intérieur du batiment ; s'il entend parler de l'extérieur du batiment, ce batiment a l'honnesteté et la décence qu'un batiment construit de bois et couvert de paille peut avoir. S'il entend parler de l'intérieur, cela ne peut être à la charge des habitans, c'est affaire de meubles dont ledit sieur Curé se munira pour rendre son habitation aussi honneste et aussi décente qu'il le jugera à propos.

Quoique les exposés des soussignés soient de la plus exacte vérité, les soussignés ne se refuseraient pas à accorder à la demande de M. le curé si la plupart d'entre eux ne se trouvoient obligés de contribuer pour la reconstitution du presbitaire de Tugny (1) qui doit être achevé cette année, ils y accorderont volontiers si M. le curé exécute la promesse qu'il leur a fait que le batiment ne seroit achevé que dans deux ans à compter du jour de l'adjudication pour que le paiement du presbitaire de Tugny ne tombè pas dans les mêmes termes que ceux du presbitaire de Fluquières, que le nouveau presbitaire seroit bâti dans le jardin curial

(1) Parce qu'ils louaient des terres situées dans ce terroir ; le chapitre de St-Quentin était aussi alors seigneur de Tugny.

our que l'église se trouve garantie de incendie qui pourroit arriver au presbitaire t que le presbitaire se trouve à l'abri des ncendies des voisins de l'ancien presbitaire, ue la cave, le puit et le bucher seront aussi econstruits dans le jardin curial à ses frais t dépens.

Les sousssignés consentiroient d'autant plus olontiers à cette nouvelle reconstruction u'ils espèreroient mettre leur église et le resbitaire à l'abri des incendies qui pour-oient être occasionnés par les maisons oisines de l'ancien presbitaire, qu'il n'y ura que le nouveau presbitaire à leur charge t que les termes des payements n'échoieront u'un an après ceux du presbitaire de Tugny. Les soussignés prient sa Grandeur d'avoir gard à leurs demandes et à leurs représen-ations; ils ne cesseront d'adresser des vœux au ciel pour sa conservation.

Signé : Rozier, syndic, Viéville, Guilbert, Béguin, Lorian, Quentin Perchevale, Charles Burier. »

Le 19 avril 1784, M. de Bry, subdélégué, informait l'Intendant de cette délibération dont la « cautèle » ne lui échappait pas, et qu'il soulignait ainsi :

« A mon égard, monseigneur, sans suivre les syndic et habitants de Fluquières dans leurs équivoques sur l'indécence et la malhonnêteté intérieures ou extérieures du presbyterre dont il s'agit, je puis vous assurer qu'en général cette maison curiale est de la plus ancienne construction et assez deffectueuse, je suis même instruit qu'elle aurait déjà été rebâtie en neuf il y a plusieurs années, si l'ancien curé avait voulu y consentir, et que les paroissiens l'ont même sollicité très longtemps pour obtenir son consentement à cet égard, mais toujours très infructueusement, en raison de ce que ce curé étoit très vieux, que son presbyterre avoit vieilli avec lui et par conséquent d'une manière imperceptible (1). Le curé qui a exercé ses fonctions pastorales dans cette paroisse plus de 60 ans et qui est mort l'année dernière, âgé de 98 ans, craignait le déplacement,

(1) L'ancien curé était Adrien Lenglet, dont il a déjà été question (1686-1783), curé de Fluquières depuis 1722 — La phrase, certes, est jolie, et la période aisée, comme d'ailleurs dans toute cette lettre. Les subdélégués d'alors avaient autant « d'humanités » que les sous-préfets d'aujourd'hui.

il appréhendoit qu'un bâtiment neuf ne nuisit à sa santé, c'est la seule raison qui l'a déterminé à se refuser aux sollicitations de ses paroissiens ; sans elle le presbyterre auroit été construit il y a peut-être 10 ans. D'après cela il n'est pas étonnant que le nouveau curé, qui est un jeune homme de 27 à 28 ans, peu familiarisé avec les habitudes de l'ancien, ne se trouve pas bien des choses mêmes auxquelles ce dernier paroissoit le plus attaché.

Je conviens cependant, monseigneur, que comme en fait de concessions qui doivent retomber à la charge du peuple et des propriétaires, il ne s'agit pas de flatter le goût de celui qui demande, mais bien plutôt de s'attacher aux règles du droit et de la justice, s'il étoit vrai que ce presbyterre pût durer encore 20 à 25 ans, s'il étoit vrai que le curé pût s'y loger décemment et y vivre en sûreté pour sa personne et ses effets, son âge et ses désirs d'être logé beaucoup plus honnêtement que ne l'étoit l'ancien, ne devroient entrer pour rien dans votre décision ; mais j'ai peine à croire que les choses en soient à ce point, d'après ce que j'ai entendu dire par les principaux habitans de cette paroisse des démarches qu'ils avoient faites auprès de leur ancien curé pour l'amener à consentir la reconstruction à neuf de son presbyterre et j'ay d'autant plus de raison d'en douter que d'après mes connaissances locales et particulières je crois qu'en effet le nouveau curé auroit bien de la peine à faire de cette habitation un logement honnête et décent.

Aussi, et si vous vous donnez, monseigneur, la peine de jetter les yeux sur la requête des syndic, habitans et propriétaires de cette paroisse, remarquerez-vous qu'ils ne contestent pas trop la nécessité de reconstruire ce presbyterre, et que s'ils paroissent présenter quelques raisons de s'y refuser, ce n'est que pour amener le curé à en passer par des conditions particulières telles que celles de consentir le changement d'emplacement, et de se charger de la dépense du puits, du bucher et de la cave.

Quant à ce changement d'emplacement, je dois avoir l'honneur de vous observer, monseigneur, que le terrain presbytéral de cette paroisse se trouve partagé par une rue q i conduit à l'église et à un village voisin (1), au point que l'habitation se trouve à droite et le jardin à la gauche de cette rue, l'habitation tient à l'église et les paroissiens désireraient qu'elle cessât d'y tenir. Voilà pourquoi ils demanderaient que la reconstruction se fît sur le jardin et que le nouveau presbyterre fût ainsi que l'église isolé de tout autre bâtiment. En sondant le curé sur ses dispositions, j'ai fait remarque qu'il ne serait point éloigné d'admettre ce changement, mais jusqu'à ce qu'il ait consigné dans un acte en règle et synnallagmatique les conditions qu'il voudra admettre je ne puis pas m'en expliquer d'une manière précise et déterminée. C'est pourquoi je croirois qu'il y auroit lieu d'ordonner qu'il serait procédé à la visite du presbyterre en la manière ordinaire et accoutumée, et lors de laquelle les parties pourraient faire tels dires, réquisitions, prêter tels consentements qu'elles trouveroient bon, et dont il seroit dressé procès-verbal pour le tout à vous, monseigneur, rapporté et communiqué, être par vous statué et ordonné ce qu'il appartiendra ».

(1) Rue actuellement de La Biette, conduisant à Vaux.

Le 28 mai 1784, le devis et le détail estimatif étaient établis par M. Neukome, architecte à Saint-Quentin. L'approbation de l'Intendant était arrivée le 14 juin. Le 26, Alexandre Viéville, laboureur à Fluquières, devenait adjudicataire des travaux (1), moyennant 4.976 livres « à la charge par lui de se conformer aux plans et devis ».

1787. — Le 7 avril 1787, le rôle de répartition des dépenses, soit 5.100 livres 8 sous, répartis en 4.976 livres de principal, et 124 livres 8 sous pour le droit de collecte qui était de 6 deniers à livre, fut établi par le Subdélégué Pasquot Colliette, avocat en Parlement au bailliage de St-Quentin. Cette contribution était levée « sur tous les propriétaires de fonds, exempts, non exempts, privilégiés et non privilégiés, au marc la livre du revenu des biens qu'ils possédaient dans l'étendue des paroisse, terroir et dîmage de Fluquières, et les taillables au marc la livre de leurs impositions ». Le chapitre, les chapelains de Saint-Quentin venaient en

(1) La charpente fut confiée au sieur Démaret, charpentier à Savy.

tête sur ce rôle, divisé en 166 articles (1).

En juin de la même année, Alexandre Viéville, en une lettre d'une belle et large écriture, demandait à l'intendant de Picardie l'autorisation de recouvrer lui-même ou par le Syndic, les sommes dues pour la reconstruction susdite, au lieu que les collecteurs en fussent chargés. C'était sans doute pour diminuer les frais de collecte : il n'est pas de petites économies. L'épître, bien tournée, se terminait ainsi : « Le suppliant fera des vœux pour la prospérité de Votre Grandeur » (2). Finesse picarde !

Ce dossier du presbytère, on le voit, n'est pas sans paperasserie ; ce n'est rien, si l'on songe que la reconstruction du bâtiment presbytéral de Fayet nécessita 45 pièces et documents, dont quelques-uns d'une belle étendue. Mais l'expédition des affaires n'en souffrait pas, non plus que l'exécution des projets adoptés. De mars 1784 à avril 1787, ce presbytère de Fluquières était adjugé, reconstruit, payé ; bel exemple à suivre,

(1) Archives départementales, C. 782. — Cf. M. Poëtte, loc. cit., pp. 167 à 177.
(2) Archives départementales, C. 782.

comme le dit justement M. Poëtte, « pour les lenteurs administratives d'aujourd'hui ».

1788. — Le rôle de répartition de l'imposition représentative de la corvée pour 1788 nous apprend que Fluquières était imposé à 2.159 livres, ainsi réparties : taille, 975 livres ; accessoires, 617 ; capitation, 567 ; dont le 1/7 pour la corvée est de 308 l. 8 s. 6 d. ; les 6 deniers à livre pour les collecteurs, de 7 l. 14 s. 3 d. ; les 2 deniers à livre pour les caissiers, de 2 l. 8 s. 9 d.

Il y avait 106 contribuables, dont 9 inscrits comme « pauvres » : 7 hommes, 2 femmes. 1 « pauvre infirme », aussi. Un boucher vient s'ajouter aux corps d'état signalés en 1771.

Le rôle est signé Degouin, Syndic de l'assemblée municipale de Fluquières. Nous relevons dans ce document le nom de Eloy Cailleaux, exempt comme « milicien » et de Antoine Lefebvre « sergent » (1).

1789. — MM. Viéville et Béguin sont nommés, le 1er mars, députés de Fluquières pour l'élection des membres du Tiers-Etat. L'abbé Armand Courtin, curé, était repré-

(1) Archives départementales, G. 793.

senté à l'assemblée du clergé par l'abbé Marolles, curé de l'église St-Jean, à St-Quentin. (1) Fluquières avait alors 80 feux. Félix de Pardieu était député de la noblesse, Fouquier d'Hérouel et le chanoine Duplaquet, députés du Tiers-Etat (2).

Les impositions de toute nature s'élevaient, pour Fluquières, à 2;392 livres; les biens ecclésiastiques y avaient un revenu de 1.172 septiers de blé, 36 d'avoine, et, en argent, de 145 livres (3).

CHAPITRE V

En 1790, l'abbé Marolles prête le serment constitutionnel, puis est élu évêque. La nouvelle organisation en départements détruit l'autonomie provinciale. L'Aisne est partagée en districts, cantons et communes. Le 25 juillet, les gardes nationaux de l'arrondisse-

(1) « Le Vermandois » 1873, p. 219 : Etat des paroisses et du bailliage de St-Quentin avec le nombre de leurs feux.

(2) Fouquier était d'Hérouel, aujourd'hui hameau de Foreste, à 3 kil. de Fluquières ; l'abbé Duplaquet était né à Beauvois.

(3) G. Leçocq. Fluquières, p. 8, note.

ment de St-Quentin se réunissent pour la fête de la Fédération.

Le 2 novembre, les biens du clergé sont décrétés propriétés de la nation, et mis en vente. A St-Quentin et sans doute dans les environs, il y eut quelques troubles. Dans les villages, comme à Fluquières, les plus riches laboureurs (tels que les Viéville, les Vinchon) durent acheter, et devinrent possesseurs des terres du chapitre qu'ils louaient auparavant.

En 1792, les gardes nationaux de l'arrondissement prennent part à la bataille de Jemmapes (1).

La Terreur n'eut pas un grand retentissement dans le Vermandois, sauf par l'illustration tragique de l'accusateur public Fouquier-Tinville (d'Hérouel).

Nous n'avons aucun document sur Fluquières à ces époques troublées. Nous ignorons si, comme à Douchy, le curé se refusa à prêter serment et s'il dut se cacher pour accomplir son ministère (2).

(1) Jamart, loc. cit., pages 815 et suiv.

(2) M. Joannot, prieur-curé de Douchy, devenu, lorsqu'il ne put rester plus longtemps caché, médecin à Paris. — M. l'abbé Brancourt « l'Eglise de Douchy, page 53. »

En 1810, Napoléon 1er, allant en Belgique, visite St-Quentin et accorde le démantèlement de la ville ; venu de Compiègne, il passe à Fluquières et est reçu à Roupy par les autorités du département.

Vers cette époque, un sieur Béguin, de Fluquières, d'humble famille, arrive, par son intelligence et sa conduite, au poste de trésorier-payeur général du département de Sambre-et-Meuse.

En 1814, l'invasion désolait la France : St-Quentin et les environs étaient occupés par les Russes, mais relativement épargnés, puisque sur 50 millions de pertes du département, l'arrondissement ne figurait que pour 1 million, le canton de Ribemont à lui seul figurant pour 800.000 fr.

En 1815, après Waterloo, passage et rapines de plus de 400.000 Prussiens, Anglais, Hollandais et Belges : 6 millions de réquisitions pour l'arrondissement. Enfin les étrangers partaient le 30 novembre.

1815. — Voici deux épisodes de cette invasion, à Fluquières :

Une allemande, mariée à un ouvrier de Fluquières, entend des Prussiens se concerter pour quelque pillage. Elle trahit son émotion : on l'enferme. Mais, dans sa frayeur, pour échapper aux ennemis, elle passe à travers les barreaux, peu distancés, d'une fenêtre et parvient à se cacher. D'un fort embonpoint, elle n'eût jamais pu accomplir cet exploit en temps ordinaire, ainsi qu'elle l'essaya depuis, racontant le fait à qui voulait l'entendre. Cette fenêtre quasi historique existe encore.

Un instituteur, nommé Mouton, qui habitait une maison remplacée aujourd'hui par celle de M. Carpentier, négociant, avait une fille, à laquelle un soldat allié voulait faire violence, lorsque quatre habitants du village accoururent pour l'en empêcher. Le cavalier dégaîna : les quatre villageois n'hésitèrent pas à se jeter sur lui. Dans la lutte, il eut enfin le dessous et ses adversaires le laissèrent pour mort. Effrayés, ils le jetèrent dans un puits et quittèrent le village. On découvrit le meurtre, et les ennemis auraient brûlé Fluquières, sans l'intervention et les supplications du maire, M. Vinchon. On se contenta du pillage et d'une indemnité. Les meurtriers revinrent peu après, mais tant que la paix ne fut pas signée, ils craignirent pour leur vie. Le secret pourtant fut bien gardé.

En 1817, le duc d'Angoulême; en 1827, Charles X; en 1831, le duc d'Orléans; en 1833, Louis Philippe et ses deux fils passent à Fluquières, allant visiter Saint-Quentin.

L'hiver de 1830-31 fut rigoureux, et, joint à la crise commerciale qui sévissait alors, accrut beaucoup la misère dans le Saint-Quentinois.

En 1846, nouvelle crise: le chômage s'étendit encore dans les campagnes.

1870-71. — En 1870, éclatait la guerre terrible. « Aucun évènement remarquable ne s'est passé dans la commune pendant cette guerre.

Vers le milieu du mois d'octobre, des éclaireurs et des réquisitionnaires visitèrent presque journellement le village. C'est alors qu'ils exigèrent le paiement d'une contribution de guerre mise à la charge de la commune. L'administration locale fut obligée de percevoir cet impôt et d'en faire le versement dans le cours de chacun des mois d'octobre, novembre et décembre. Le total des sommes ainsi payées aux troupes allemandes a été arrêté, le 25 février 1872, à 2.250 francs.

Dans le même temps, les Prussiens firent de nombreuses réquisitions de vivres, d'animaux, de fourrages, d'avoine, de voitures, etc, qu'ils emmenaient soit à Saint-Quentin, soit à Ham. Un bordereau récapitulatif, rédigé par les soins de la Commission municipale, constate que les pertes subies par le fait de ces réquisitions s'élèvent à la somme de 3.080 fr. 30.

Les troupes allemandes ne logèrent que deux fois à Fluquières.

A la suite des évènements qui s'étaient accomplis autour d'Amiens et de Péronne, une compagnie de cavalerie coucha dans la commune le 25 décembre 1870, et partit le 26 dans la direction de l'est.

Le soir du 19 janvier 1871, une batterie d'artillerie occupa le village. Elle installa ses chevaux dans les écuries, après avoir obligé les propriétaires à mettre leurs animaux dehors. Quelques soldats de cette batterie pénétrèrent dans le moulin à vent de La Tombelle, coupèrent les courroies, brisèrent les poulies.

A part cet acte de vandalisme, les troupes

n'exercèrent aucune violence, ni contre les personnes, ni contre les propriétés.

Les frais de logement et de nourriture pour les deux jours d'occupation peuvent être évalués à 7.030 fr. 80. C'est peu, en comparaison d'autres communes voisines.

Les 18 et 19 janvier 1871, il y eut des passages considérables de troupes prussiennes sur la route dite de Paris, entre Saint-Quentin et Ham, mais la précipitation avec laquelle elles se rendaient sur le théâtre de la lutte ne leur permit pas de s'arrêter. Cependant, quelques bataillons d'infanterie prirent position entre Fluquières et Douchy » (1).

CHAPITRE VI

INSTITUTIONS

Fluquières, jusqu'à la Révolution, sous le régime seigneurial comme sous le régime municipal, eut les institutions du reste de la France et suivit le sort de la province.

Avant 1789, il avait un *Syndic* élu par les

(1) Document des Archives communales.

paroissiens réunis en assemblée générale, et agréé par l'Intendant de la Généralité.

La justice était exercée par le *Bailli*, nommé par le Seigneur, qui, en l'occurrence, était le Chapitre de Saint-Quentin. On a vu dans la notice historique divers jugements rendus par ce magistrat.

Les impôts étaient levés par *deux Collecteurs* choisis dans les habitants et qui avaient pour cela certains droits. Chacun à son tour devenait percepteur. Mais les collecteurs ne levaient que les contributions accessoires. Il y avait en outre des percepteurs particuliers, exempts de milice : emploi très recherché, que le « *clerc* » parfois était heureux de remplir. Ainsi, à Fluquières, nous voyons le clerc Mouton signer fièrement « percepteur à vie ».

CHAPITRE VII

ÉPOQUE CONTEMPORAINE

ASPECT GÉNÉRAL

Fluquières n'apparait très visiblement que d'un côté, à l'Ouest, vers Douchy ; d'ailleurs, il est comme enfoui dans les arbres et la verdure. De Roupy principalement, il évoque l'idée, avec la flèche du clocher, la villa de Mme Ve Lemaire, le château de M. Ledoux, leurs lignes de pierres et briques rouges et blanches, de quelque village suisse dont les chalets seraient isolés au milieu des bois.

Du côté d'Etreillers, l'horizon est borné pour le voyageur par une ligne de hauts peupliers et, en hiver, le soir, à un détour brusque de la route, apparaît tout à coup, resplendit, la féerique illumination du tissage, cette ville de lumière et de bruit, où l'on voit passer, dans les baies largement éclairées, des ombres fantômatiques, et qui donne l'illusion d'une forge gigantesque ou d'une apothéose théâtrale.

Autrefois les moulins à vent jetaient leur note pittoresque dans l'harmonie du paysage ; c'était, au nord, celui de Cagny ; au sud, celui de la Tombelle ; puis ceux de Savy, de Foreste, qui découpaient dans le ciel leur maigre silhouette. Tout cela disparaît, s'en va, et l'aspect de la plaine picarde devient nu et banal.

Les abreuvoirs rustiques ou « flous » qu'on

multipliait dans les villages, dangereux du reste, dans les carrefours et les tournants, sont comblés. De trois ou quatre, il ne reste à Fluquières qu'un seul, curieux avec ses bordures de saules, et la vieille maison qui occupe une de ses extrémités, le calvaire qui la suit, et les deux rues qui l'entourent parallèlement, faisant songer aux canaux monotones et horizontaux des Flandres.

Les maisons, gaies, en briques, sont d'apparence agréable ; les rues, larges, commodes, avec trottoirs antiques, et propres. Une des voies les moins fréquentées et les plus sales autrefois, la rue du Faubourg, a été élargie, (1) et est devenue l'une des plus belles de la commune. La place publique est malheureusement peu vaste, et sans ces tilleuls ou ces peupliers qui font, à Cugny, Happencourt et ailleurs, comme un îlot verdoyant parmi l'entassement des habitations.

Comme voies de communication, Fluquières est traversé par la route nationale n° 30 et le chemin d'intérêt commun n° 19, la première allant à Saint-Quentin et le Nord, d'un côté,

(1) Par l'achat d'une parcelle de terrain à M. Carpentier (note de 1888, Archives communales).

de l'autre à Ham et Paris ; le second se dirigeant vers Bray-Saint-Christophe, Saint-Simon et vers Etreillers, Vermand. Depuis quelques années, grâce au zèle de la municipalité (1), le chemin dit de Seraucourt, jusqu'à sa jonction avec la route nationale, le chemin de Douchy, à mi-frais avec cette dernière commune, ont été empierrés. Cette voie surtout, d'une utilité incontestable (2), a été aplanie et ne rappelle plus qu'à peine les « vallées », fondrières d'antan.

Pour les communications rapides avec les villes environnantes, Fluquières est très mal partagé. Encore, autrefois, passaient les diligences de Paris et Saint-Quentin et vice-versa (3). Arrivent les chemins de fer qui

(1) Zèle qui s'est signalé encore dernièrement par la construction d'un poste-asile de nuit pour les malheureux de passage, et d'un bâtiment magasin à pompes contigu.

(2) Ce chemin sert aujourd'hui de route directe aux maraîchers des rives de la Somme, de Ham, etc., qui, passant par Etreillers, Savy, se rendent à Saint Quentin, les jours de marché. Auparavant, c'était, dès la veille, un défilé original de légumiers avec leurs charrettes et leurs chevaux, dont les heurts sur le pavé de la route nationale, mêlés au bruit des sonnettes, réveillaient les villages endormis.

(3) « Carosse de Saint-Quentin à Paris, à la Grosse Tête, rue Saint-Martin, arrive et part les mercredis et samedis.... 3 jours en route, par Ham, Noyon, Compiègne, Senlis. A Paris, le bureau est chez M. Huet, rue Saint-Denis.... Il part pour Saint-Quentin les lundis et jeudis ». Almanach de Picar-

les ruinent : d'abord celui de Paris à Maubeuge, par Saint-Quentin, puis celui plus récent de Vélu-Bertincourt, qui délaissait une région populeuse, active, industrielle, des relations quotidiennes, entre Ham et Saint-Quentin, un sol presque plat, ne nécessitant aucun travail d'art. Depuis, la question a été reprise sous plusieurs formes : « tortillard » projeté par Villers, Douchy, Fluquières, Etreillers, Savy, avec points terminus Ham et St-Quentin, ou tramway sur route, utilisant la route nationale. La réalisation et l'exécution de cette dernière ligne d'après la carte éditée par le Conseil Général en 1895, seraient peu coûteuses comparativement aux

die, 1756, pp. 119-120. — « Diligence de Saint-Quentin à Paris, lundi et vendredi à 10 h. 1/2 précises du soir... Une qui arrive de Paris à 7 h. du soir.... M. Thierry, directeur du chariot de la Messagerie de Saint-Quentin à Paris ». Almanach de Picardie, 1788 p. 200. — « Les postes et courriers de Saint-Quentin à Paris tous les jours à midi.... Diligence de Saint-Quentin à Paris tous les jours, à 5 h. soir hiver, 6 h. été, arrive à Paris le lendemain à 9 h. du matin... Une part de Paris tous les jours à 6. h. soir, arrivant à Saint-Quentin à 10 h. matin. (Grandes Messageries) M. Devisme, directeur, Hôtel du Cygne, Saint-Quentin. — Compagnies Laffitte et Caillard, de Saint-Quentin à Paris.... M. Blanchard, près l'hôtel d'Angleterre ». Annuaire de l'Aisne, 1837. — Ces diligences arrêtaient à Fluquières : de pauvres diables, demeurant au Pavé, faisaient des pirouettes, à leur arrivée, pour obtenir une pièce de monnaie.

autres. Mais jusqu'à présent, après maintes études et maint plan, aucune suite favorable ne semble vouloir être donnée à cette affaire. Il y aurait là, pour les notables industriels de la région, une initiative à prendre, des démarches à tenter : l'intérêt de tous y est en jeu.

Depuis longtemps, M. Damaye, de Saint-Quentin, et ses successeurs font un service de Messagerie (fourgon accéléré) de Saint-Quentin à Fluquières, Roupy, les lundi, mardi, jeudi et vendredi. Le même Damaye, puis M. Pisselet-Lasson, de Saint-Quentin, organisèrent un service de diligences de Saint-Quentin à Villers-Saint-Christophe, par Fluquières, aller et retour tous les jours, qui rend de grands services encore actuellement.

CHAPITRE VIII

En fait de monuments, Fluquières ne possède que ceux dont tout village peut s'honorer : une église et des écoles, qui n'ont rien de particulièrement remarquable, ainsi qu'on le verra dans la description suivante :

ÉGLISE

L'Eglise actuelle de Fluquières a remplacé un antique édifice dont il n'est resté que de vagues souvenirs, mais aucune représentation d'ensemble (1). Comme celle de Douchy, elle était du style roman du XIIe siècle (2), et ruinée sans doute durant la guerre de Cent ans, comme bien d'autres, elle avait été restaurée plusieurs fois. Elle était presque toute construite en grès, ainsi qu'on en voit encore dans le Vermandois (Cugny, par exemple). Le clocher, carré, terminé par une flèche en ardoise, était en avant, dominant le portail, qui s'ouvrait en face du presbytère actuel. On remarque encore des vestiges de ses fondations massives dans le ravin qui borde la rue en cet endroit. L'orientation de l'Eglise était de l'Est à l'Ouest, selon la tradition liturgique, empruntée elle-même à l'architecture

(1) Dans un plan de 1742 (Archives départementales, G. 941) on a une esquisse de l'Eglise de Fluquières, sans détail précis du reste : ce n'est sans doute qu'un dessin-type, passe-partout pour tous les plans de même genre

(2) Le portail, sans sculptures d'ailleurs.

païenne (1). Un seul bas-côté existait, celui de gauche (côté Evangile), qui aboutissait au second autel, celui de la Vierge, dont la statue surmonte l'autel actuel du même vocable. Un tableautin d'un neveu de l'abbé Collier, Auguste Dumaine, sans valeur du reste, et qui appartient à MM. les abbés Dubois, représente le maître-autel et une partie du chœur. L'autel est en bois peint, couleur marbre veiné rouge, gris et noir. Il se compose d'un contre-retable adossé au mur, d'un entablement complet avec fronton triangulaire soutenu par des colonnes.

Le fond est occupé par une vaste toile peinte, dont le sujet est Saint Médard, patron de la paroisse, accolé de ses deux poulains légendaires, tous trois d'un ton criard où dominent le rouge et le bleu. Le fronton est orné d'une petite galerie dorée et à jour, sur les deux côtés du triangle, dessinant le sommet du contre-retable. La colombe du Saint-

(1) Vitruve prescrit cette orientation du temple et de la statue « afin, dit-il, que ceux qui prient ou qui sacrifient au-dehors envisagent tout à la fois le temple et l'orient, en même temps que les dieux sembleront se lever et, comme des astres, s'avancer de l'orient pour les regarder». Cité par de Caumont, Abécédaire d'Archéologie, I. p. 215.

Esprit termine le tout, et deux anges dorés sont prosternés à droite et à gauche. Au-dessus encore, le triangle de Jéhovah, dans une gloire entourée de nuages grisâtres se détachant sur le fond bleu cru du chevet de l'église. L'autel a la forme d'un tombeau.

La voûte est remplacée par un plafond. Deux fenêtres latérales éclairent le sanctuaire : comme elles ne sont dessinées qu'au tiers, il est difficile d'affirmer si elles sont en plein cintre ou en ogive. Leur élévation indiquerait plutôt des fenêtres ogivales : le champ de l'ogive aurait été divisé en compartiments de style flamboyant : le chœur était donc une reconstruction, postérieure au reste de l'édifice. Entre ces fenêtres et l'autel, deux statues en bois, peintes, de Saint Nicolas et Saint Eloi, reposaient sur un petit socle. D'autres statues de même genre, de style également archaïque (1), ornaient l'église, que le cimetière entourait alors.

(1) Ces statuettes, aux figures naïves, niaises plutôt, dont les draperies lourdes ont des plis épais, qui se rompent à angles saillants, aux enluminures criardes, étaient très nombreuses dans nos églises d'autrefois : les mêmes types primitifs s'étaient sans doute perpétués dans certains ateliers de sculpteurs populaires.

ÉGLISE ET ÉCOLE DE GARÇONS

(Vue extérieure)

ÉGLISE ET ÉCOLE DE GARÇONS

(Vue extérieure)

L'église actuelle a été construite de 1855 à 1857. En février 1855, le Conseil municipal (1) avait voté 1.354 fr. pour restaurer l'ancienne. Aucun entrepreneur ne s'étant présenté « à cause du peu de solidité et de la détérioration » de l'édifice, la Fabrique pensa que mieux valait ouvrir une souscription et construire à neuf. Ce procès-verbal est tout simplement une pieuse comédie. L'amour de la bâtisse est une passion, et à cette occasion, elle voulut se satisfaire. Le « peu de solidité » était un mythe. La structure de l'église, avec quelques restaurations, lui aurait permis de défier encore les siècles. On le vit bien lors de sa démolition : la poudre suffit à peine à ébranler ses bases (2). En maint endroit, le plafond se ruinait, mais le bon abbé Collier, que hantait le mirage de son église neuve, sut si fort à propos, d'un choc ici, d'un trou ailleurs, aggraver les dégâts extérieurs, qu'ils effrayèrent la population, aisément crédule, et la mirent au point. En septembre 1855, on commençait les travaux.

(1) Procès-verbal du Conseil de fabrique, Registre de 1855.

(2) Plusieurs accidents arrivèrent malheureusement pendant cette démolition : entre autres, un pauvre couvreur, de Douchy, tomba du clocher et fut tué.

L'édifice coûta environ 25.000 fr. qui furent payés par les souscriptions volontaires de tous les habitants, entre lesquels, pour une très grosse part, M. et Mme Vinchon, qui se signalèrent par leur générosité et leur munificence (1). L'architecte fut M. Dablin, de Saint-Quentin. La consécration fut faite en septembre 1857, deux ans après le commencement des travaux, par Monseigneur de Garsignies, ainsi que l'atteste une plaque de marbre blanc encastrée dans le mur au-dessus du bénitier de droite, et qui porte en lettres d'or :

Cette église a été consacrée
par Mgr Paul Armand de Garsignies
Evêque de Soissons et Laon
Le 22 Septembre MDCCCLVII.

Cette cérémonie eut lieu en grande pompe, avec le concours d'un détachement de garde nationale, en présence d'un grand nombre de prêtres et de chanoines. Le village tout entier disparaissait sous les arcs de triomphe, les guirlandes et les fleurs. Cette fête laissa aux témoins de l'époque, un inoubliable sou-

(1) Exactement 23.875 fr. 36 ; une souscription avait d'abord produit 12.587 francs.

venir, et souvent, à qui demande la date d'un évènement quelconque, cette réponse est faite : « C'est l'année de la consécration de l'église ».

L'édifice fut construit en briques, avec pierres aux angles, aux contreforts, en cordons horizontaux, à la façade, ou dessinant l'obliquité du toit. La corniche et les modillons qui séparent le clocher de sa flèche, l'encadrement des fenêtres, sont également en pierre. La forme est celle d'une croix latine, le style se rapproche de celui du XIIIe siècle (1re époque ogivale). Le chœur est terminé par un chevet droit, et flanqué à droite d'une chapelle et à gauche de la sacristie, ce qui donne un plan presque rectangulaire. Le portail, auquel on accède par un escalier en ciment de cinq marches, assez peu monumental, est formé par une arcade ogivale à grosses moulures parallèles, dont la base et le haut, à la naissance de l'ogive, viennent d'être récemment sculptés en piédestal et chapiteaux, de sorte qu'elles servent de colonnes-support aux voussures. Un fronton triangulaire se termine au 1er étage du clocher par un socle qui vient de recevoir la statue du patron de la paroisse, Saint Médard. Un porche ou narthex, formé par le rez-de-chaussée de la tour, précède la nef. Celle-ci est longée par deux collatéraux, qui aboutissent à deux transepts. Trois arcades en ogive, débouchant sur les collatéraux, sont portées par quatre fortes colonnes en pierre avec chapiteaux sculptés surmontés d'un entablement carré : ces colonnes cylindriques ont une base ornée de moulures et finissant par un piédestal hexagonal à pans coupés. Les sculptures des chapiteaux se composent de feuilles d'ache, de trèfle, d'acanthe, alternées. Entre les arcades, au-dessus des piliers, s'ouvrent des baies ou petits oculi non vitrés qui donnent sur les collatéraux. Cette particularité bizarre est due à la voûte en bois des bas-côtés, qui suit la pente disgracieuse du toit, et décrit en quelque sorte un quart de cercle, venant aboutir au sommet de l'ogive des arcades. La voûte de la nef, d'une belle élévation, est également en bois, peinte en jaune foncé, avec sablière et arbalétriers rouge et bleu. L'écartement est maintenu par des tirants de fer tors aussi rouge et bleu. La légèreté de cette voûte a permis de supprimer les contreforts, mais l'élégance extérieure en a été diminuée d'autant.

L'église a 30 mètres de longueur et 13 mètres de largeur. Elle est éclairée par quatorze fenêtres, dont six sont percées dans le mur des collatéraux. Celles-ci, avec les quatre qui éclairent la chapelle dite de la Vierge et la sacristie, sont entourées, au dernier tiers de leur hauteur, d'une moulure ou archivolte ogivale reposant sur deux pendentifs ou culs-de-lampe; deux fenêtres seulement sont complètement sculptées; aux autres, l'archivolte se termine par une petite base hexagonale. Les transepts ont chacun une fenêtre élevée, surmontant les autels latéraux, divisée en trois baies par des meneaux. Le chevet est percé d'une grande verrière, aussi à double meneau. Le haut est orné d'une rosace quadrilobée, et partagé en compartiments. Cette fenêtre semble du style du XIIIe ou XIVe siècle, qui annonçait la splendeur du style flamboyant.

Les trois baies de cette fenêtre sont fermées par un vitrail triple dont les sujets, grandeur nature, sont, de gauche à droite: Saint Jean-Baptiste, le Bon Pasteur, Saint Pierre. Au-dessus, un dais gothique très ornementé ; au-dessous, de petites arcades ogivales où sont peints l'Agneau, les saintes Espèces, les Clés. Les compartiments supérieurs renferment des rosaces et ornements en verre de couleur. Ces vitraux, sans avoir rien d'artistique, tamisent harmonieusement la lumière un peu crue. Le Conseil de Fabrique d'alors déclare la verrière « très belle et d'une certaine valeur » (1). L'éloge manque de précision. Il lui fit adapter une armature extérieure en treillage qui coûta 254 fr. 16. Ces chiffres peuvent paraître un peu exagérés : le vitrail en avait-il coûté autant ? Ne semble-t-il pas que déjà « au bon temps passé » les travaux publics et les fonds desdits étaient regardés comme une mine à exploiter ?

La tour du clocher est quadrangulaire. Le 1er étage est percé d'une large fenêtre qu'un meneau divise en deux. Ces fenêtres éclairent une vaste tribune séparée de la nef par une élégante balustrade flamboyante en pierre. Elles sont surmontées d'une baie circulaire vitrée portant les armes de l'évêque

(1) Procès-verbal du 27 septembre 1861.

consécrateur : « D'azur aux trois chardons d'or, avec la devise : *Acute et suaviter ... candor* ». Les autres fenêtres sont vitrées en losanges de verre blanc assemblés par des lames de plomb, avec bordure en verre de couleur. Un second fronton, terminé par une croix en pierre, sépare cet étage du clocher proprement dit, qui présente sur chaque face deux abat-son ogivaux étroits et élevés qui rappellent la forme des lancettes. Puis vient une flèche octogonale en charpente et ardoise, flanquée à la base de quatre petites flèches pyramidales, entre lesquelles se trouvent quatre petits frontons triangulaires percés d'une rosace quadrilobée ; enfin, une croix en fer supporte le coq traditionnel, ce rustique anémoscope (1).

Entre les deux ogives des abat-son de la façade, une horloge à large cadran fait comme pendant à la rosace du 1er étage (2). Les heures et les demies sont sonnées sur la grosse cloche.

(1) On en trouvait dès le XIe siècle sur les églises. La tapisserie de Bayeux en représente un sur l'abbaye de Westminster. (De Caumont, Abécédaire d'Archéologie, Architecture religieuse, p. 239).

(2) Elle coûta 750 fr., fut posée en 1858.

MOBILIER (1)

L'église est pavée en vulgaires carreaux de brique, sauf dans le chœur et le sanctuaire, qui le sont en dalles noires et blanches, faisant échiquier.

A l'entrée, à droite et à gauche, se trouve comme bénitier, un curieux et très grand coquillage nacré soutenu par des crampons.

Les fonts baptismaux sont dans le collatéral gauche : ils sont monopédiculés, se composant d'un réservoir hémisphérique supporté par un fût cylindrique à base losangée, et fermés par une trappe en bois qui ne ressemble en rien aux gracieux couvercles du Moyen Age (2).

La chaire « piteusement adossée à un pilier » (3) est lourde et sans caractère. La tribune polygonale est portée par un pédicule comme les fonts ; trois faces portent des panneaux sculptés dont les sujets sont Saint Luc, Jésus-Christ et Saint Jean, à peine dégrossis, d'ailleurs. L'abat-voix est un balda-

(1) Nous suivons ici la nomenclature de M. l'Abbé Corblet, Manuel d'Archéologie nationale, pp. 268 et suivantes.

(2) Cf. Corblet, loc. cit., p. 2[illegible]5.

(3) Expression de M. l'Abbé Brancourt, loc. cit., p. 46.

quin surmonté d'une couronne que termine un globe surmonté lui-même d'une croix.

Il y a, relégué du reste au grenier, un vieux pupitre ou lutrin en bois jadis doré, en forme d'aigle aux ailes éployées, symbole de Saint Jean l'apôtre. C'est là qu'on plaçait les énormes livres de plain-chant, graduels et antiphonaires, que nous ne connaissons plus, que peu d'églises ont conservés (1). Ce meuble antique, qui fait songer au poème facile de Boileau, provient sans doute de l'ancienne église.

Le confessionnal, en chêne sculpté, est en face des fonts, dans le collatéral droit. C'est une œuvre remarquable. Le milieu, en ogive, est fermé par une porte à claire-voie, à volutes et rinceaux délicatement fouillés, surmontée d'un fronton triangulaire, hérissé de crochets, et couronné d'un fleuron. Deux contreforts à pinacles flanquent cette ouverture. Les deux autres, latérales, sont aussi

(1) Des scribes patients et pieux copiaient ces livres, avec grosses notes et gros caractères et les vendaient aux paroisses un prix minime, vu la longueur du travail. L'auteur possède un de ces volumes, de la main de son arrière-grand-père.

surmontées d'une bordure découpée en festons. Le tout a coûté 300 francs (1).

Les bancs, avec appuis, les stalles du chœur, avec panneaux ornés d'une légère arcade ogivale, sont en cœur de chêne et exécutés avec goût. Il coûtèrent 2.573 fr. La mise aux enchères des places produisit 2.500 fr. (2).

Le maître-autel, au fond de l'abside et isolé des parois, est en pierre de Caen, polychrome. Il fut acquis par souscription sous le patronage de l'abbé Carlier et revint à près de 3.000 fr. La table d'autel repose sur cinq arcades trilobées s'appuyant sur six colonnettes à chapiteaux sculptés. Entre les colonnettes sont peints en des nimbes losangés les quatre symboles des Évangélistes ,avec des banderoles portant ces inscriptions : pour le lion, *S^us^ Marcus ;* pour l'ange (3) *S^us^ Mathœus ;* pour l'aigle, *S^us^ Joannes* ; pour le bœuf, *S^us^ Lucas.* Le milieu est occupé par l'*Agnus Dei*, dans un nimbe elliptique. Un

(1) Registre de la Fabrique.
(2) Comptes de fabrique, 15 mai 1859
(3) Le symbole de St-Mathieu est un homme ; on l'a confondu avec un ange dès qu'on mit des ailes aux trois animaux, et qu'on crut l'ailer aussi : Corblet, loc. cit., p. 508.

retable élevé surmonte l'autel : le tabernacle est un petit édicule gothique, à portail ogival, avec tympan découpé et peint, flanqué de contreforts ; il supporte l'exposition, dais avec frontons triangulaires ornés de crochets, percés d'une arcade trilobée à jour, reposant sur de légères colonnettes annelées au centre. La croisée d'ogives qui forme la voûte de l'exposition est bleue avec étoiles d'or. Le fond simule une riche draperie d'un riche vermillon avec bordure ornementée. Au-dessus, le motif consacré : les épis, les feuilles de vigne enroulées, les grappes de raisin. Le dais se termine par une flèche octogonale garnie de crochets, finement dentelée, couronnée par un fleuron. A sa base quatre petits clochetons en pyramide.

De chaque côté du tabernacle, le retable présente quatre arcatures trilobées, en forme de fenêtres, avec décor simulant une draperie, le haut étant orné d'épis, de feuilles de vigne et de raisins, dans les mêmes teintes et les mêmes proportions que sur le fond de l'exposition. La 1re et la 8e de ces arcatures, aux deux extrémités de l'autel, ont pour décor des rosaces : elles reposent sur une sorte de piédestal à dessin quadrilobé et sont surmontées d'un clocheton pyramidal dont les faces visibles offrent des petites arcatures aussi trilobées, où est peint un vase gothique d'où émerge un bouquet. Le toit du clocheton est sculpté en formes de tuiles imbriquées et son sommet se termine par un fleuron. Enfin, l'espace libre entre le clocher central et les latéraux, est rempli par une bordure de festons qui couronnent une sorte d'entablement, lequel sert aussi de base aux clochetons, et forment des espèces de crêtes.

L'aspect général est élancé et gracieux, bien qu'un peu trop orné par rapport au style du reste de l'édifice.

Des deux côtés de l'autel, encastrées dans le mur de fond, qui a été peint pour s'harmoniser avec la polychromie du retable, sont deux plaques de marbre noir, fixées par des cabochons dorés, qui portent en lettres rouges :

Côté évangile :

Consacré le 22 Septembre MDCCCLVII
par Mgr de Garsignies,
Cet autel fut reconstruit par les soins de
M. L. Carlier, curé de Fluquières et Douchy,
et inauguré solennellement
le 10 Juillet MDCCCLXXIX.

†

Souvenons-nous dans nos prières
Des principaux fondateurs de l'église,
J. Vinchon
F. Viéville
A. Viéville
J.-B. Vinchon

Côté épitre :

†

Principaux donateurs de l'autel :
MM. les abbés
L. Carlier, curé de Fluquières et Douchy,
J. Dubois
V. Dubois
A. Démaret
Madame J. Vinchon
M. Lemaire-Viéville
M. Ch. Lenoir, capitaine du génie
M. Ledoux, de St-Quentin
M. Amée Belin
M. B. Béguin, président du Bureau de la Fabrique
M. J. L. Dubois (Q) trésorier de la Fabrique
Madame Pontruet, de St-Quentin
M. Guilbert-Legrand
M. Moral, sacristin
Enfants de la 1re Communion de 1877
— — » de 1879

L'abside est fermée latéralement par deux murs dont l'un, celui de droite, est percé de trois arcades ogivales donnant sur la chapelle de la Vierge (1), et fermées par une grille en fonte historiée d'assez bon style. Celui de gauche, grâce à l'initiative de M. l'abbé Duval, présente une colonnade ogivale dont les arcades simulées semblent appeler une fresque.

Le chœur est fermé par une balustrade en fer forgé, à volutes délicates.

A l'extrémité des transepts s'élèvent les autels de la Vierge et de Saint-Médard. Tous deux sont en bois sculpté. Une table d'autel est surmontée d'un retable adossé au mur, se composant d'arcades gothiques avec frontons, pinacles et ornements flamboyants. Le tabernacle, qui est de même style, sert de socle en partie à la statue. Le tout est peint en blanc avec filets or. L'autel de Saint-Médard a de chaque côté, dans un édicule gothique

(1) Cette chapelle fut construite en même temps que l'église et servit d'abord de sacristie. En 1867, pour réserver aux jeunes filles une place spéciale, M. Vinchon proposa de construire la chapelle de gauche comme sacristie. La fabrique avait à sa disposition 500 fr., dont 300 de la Préfecture. M. Vinchon disposa de ces 300 fr. et laissa 200 fr. à la fabrique. La sacristie neuve s'éleva donc parallèlement à l'ancienne, dont l'entrée fut agrandie par le percement de l'arcade. Registre de la fabrique, 5 septembre 1867.

composé d'un dais terminé par un clocheton à crochets, avec pendentifs sur le devant, une statue décorée : la Vierge et Saint-Joseph. Ces petits monuments en bois sculpté sont l'œuvre délicate de M. l'abbé Brancourt, ainsi que des tableaux renfermant des diplômes d'affiliation et l'acte de privilège, dont l'encadrement est de style flamboyant, et qui sont placés à droite et à gauche de l'autel de la Vierge. Ce dernier a, comme pendant, deux autres statues de N.-D. de Lourdes et de N.-D. de la Salette, acquises récemment. Il est privilégié, c'est-à-dire qu'on peut y célébrer la messe.

Au centre de l'arcade aveugle qui ferme la sacristie, en face du collatéral gauche, se dresse sur un socle la statue richement polychromée du Sacré-Cœur, grandeur nature. La figure est très expressive.

Les croix de consécration liturgiques ont été repeintes dernièrement. Ce sont des rosaces fond bleu sur lesquelles tranche la croix rouge, avec rechampi or : elles complètent heureusement la décoration du maître-autel et du chevet de l'église.

L'église possède quelques tableaux. Au-dessus du confessionnal, une vaste toile signée : « H^{te} Defrance.., d'après le Tiziano » représente une femme au voile blanc, assise près d'une colonne, tenant un petit enfant, et de l'autre main touchant un agneau qu'un autre enfant amène. Au-dessous, sur le cadre, cette mention : Donné par l'Empereur, 1859. D'après le registre de la Fabrique, ce serait Sainte Agnès que le peintre aurait représentée. On inclinerait plutôt à y trouver une Vierge-Mère avec le saint *bambino* et Saint Jean-Baptiste. Ce don n'était pas du reste purement gratuit. Le même registre nous apprend qu'il fallut débourser 140 fr. pour encadrement, emballage, transport (1).

Une seconde toile fait pendant, au-dessus des fonts : c'est un « don de M. le Marquis de Bercy, 1860. » Non signée, elle paraît représenter une Sainte Famille ; elle commence à s'écailler.

Un autre tableau, au fond de la chapelle de la Vierge, est l'adoration des Mages. Il est très vaste, sans signature et s'écaille beaucoup.

(1) Procès-verbal et comptes du 27 août 1859.

Tout cela n'a du reste qu'une médiocre valeur. Que dire alors d'un affreux chromo représentant Jésus devant Caïphe, et qui déshonore le pilier où on l'a fixé. Nous voulons croire, à la décharge de l'abbé Collier, auteur présumé de ce délit, que c'est là l'offrande ou l'ex-voto d'un pieux donateur, et non un achat prémédité. Sa place est à la sacristie, et encore !

Une assez bonne gravure du Christ en croix, richement encadrée, est en face de la chaire.

La croix de procession, les croix d'autels sont modernes : les bras sont terminés par des fleurons, détail fréquent dans l'art ogival, ce qui en fait des objets bien en rapport avec le style de l'église. Il en est de même des candélabres, chandeliers et vases d'ornement des autels. La lampe du sanctuaire mérite une mention ; c'est une cuve circulaire de 0 m. 60 de diamètre, suspendue par trois chaînes que tiennent à bras tendus trois anges joufflus, le tout en cuivre doré, rappelant les lampes du XVIe siècle (1).

(1) Corblet, loc. cit., p. 322.

L'autel de la Vierge a une lampe en forme de dais gothique en cuivre ciselé qui porte les armes de Mgr de Garsignies, dont sans doute elle fut un don.

Devant le maître-autel, deux autres lampes de même style en cuivre doré sont de chaque côté de la grosse lampe décrite plus haut. Enfin dans la nef, on voit deux porte-lumières en cuivre, formant une croix ornée d'arabesques, et d'aspect gracieux.

On a heureusement enlevé un affreux lustre à pendeloques du plus mauvais goût, qui cachait d'ailleurs l'aspect du maître-autel.

Un harmonium asssez fort, d'une vingtaine de registres, occupe la tribune. Il fut acquis en 1875, en remplaça un autre plus petit, un autre encore à tuyaux, sorte de serinette à manivelle, qu'on avait acheté en place du classique serpent. Ce dernier, disparu de partout dans le naufrage des vieilles et curieuses traditions, avait été payé 105 francs : c'est un beau prix (1).

Le clocher renferme trois cloches, de poids assez faible : la première pèse 359 livres, soit

(1) Comptes de fabrique, 1839.

179 k.500 ; la deuxième 481 livres : 240 k.500 ; la troisième 644 livres : 322 kil. (2). Il y a loin de là à la Tzar-Kolokol de Moscou ou même aux 1.404 livres de la cloche de Douchy. Néanmoins on carillonnait au bon vieux temps *Le Roi Dagobert*, *J'ai du bon tabac*, et autres motets profanes qui jetaient comme un grain d'allégresse et de poésie dans l'âme des paysans. Le dernier carillonneur, dont le brio était célèbre et dont les anciens parlent encore, était Augustin Mouton, que nous retrouverons maître d'école, officier public, percepteur des contributions, marguillier, joueur d'orgue, sorte de Figaro honnête et rustique.

Les cloches portent les inscriptions suivantes :

Petite : L'an 1813, j'ai été bénite par Mr Jean Charles Boillet, Curé Desservant de la succursale de Fluquières, et nommée Joséphine Léocadie par Mr Clovis Guincourt, chirurgien et âgé de 48 ans, et Joséphine Béguin, âgé (*sic*) de 44 ans, son épouse, et Athanase Crépin Gourlin, marguillier, âgé de 46 ans.

(2) Ce poids nous a été obligeamment communiqué par M. Xavier Cavillier, descendant de la dynastie des fondeurs célèbres de Carrepuits.

Moyenne: L'an 1813, j'ai été bénite par Mr Jean Charles Boillet, Curé Desservant de la succursale de Fluquières, et nommée Marie Reine Ismérie par Mr Charles Antoine Béguin, cultivateur et adjoint et âgé de 35 ans, et Marie Reine Florimonde Guilbert, âgé de 43 ans, son épouse, et Médard Damiens, marguillier, âgé de 31 ans.

Grosse: L'an 1813, j'ai été bénite par Mr Jean Charles Boillet, Curé Desservant de la succursale de Fluquières, et nommée Angélique par Mr Jean-Baptiste Louis Vinchon, propriétaire et maire, âgé de 32 ans, et Marguerite Angélique Gruet, son épouse et âgé de 28 ans, et Augustin Mouton, ancien clerc et marguillier, âgé de 44 ans.

Sur le pourtour de chaque cloche se voient à des intervalles réguliers, un Christ en croix, un Saint-Médard accolé de ses deux chevaux, une Assomption, le tout de style archaïque, et le nom du fondeur: Florentin Cavillier à Carrepuits.

L'église possède des ornements qui ont servi à Mgr de Garsignies: une chasuble, double satin moiré noir et violet, une chape double de même étoffe, très riche, avec dessins et galons d'argent. Elle a aussi des chapes en drap d'or pour les fêtes, celle du prêtre très jolie, avec bordure de roses ; une chasuble, don posthume de Mme Vinchon, fond satin moiré, avec broderies en relief soie et or, dont les dessins sont d'une grâce et d'une délicatesse achevées.

Il y a encore dans la sacristie deux bâtons cantoraux métal blanc surmontés d'une petite lanterne renfermant les statuettes dorées de Saint Médard et de la Vierge avec l'enfant. Rien n'était plus solennel, autrefois, que la démarche des deux chantres chapés, les jours de fête, avec cette sorte de crosse.

Le dais, tendu d'une belle draperie de soie blanche avec ornements or, a aux quatre montants horizontaux, des panaches de plumes blanches. Il coûta 300 fr (1).

Quatre bannières sont placées à l'intersection des transepts : celle de la Vierge, satin blanc, de Saint Médard, velours grenat ; de Saint André et Sainte Martine, velours noir ; ces deux dernières, données par les ouvriers

(1) Compte de la Fabrique, 21 juillet 1859.

tisseurs, en mémoire de M. Ledoux et de son épouse Martine Bédu, ainsi que l'indique l'inscription « les ouvriers reconnaissants ».

Le maître-autel a des canons élégants en forme d'arcatures ogivales à filets en cuivre doré.

Comme on le voit, l'Eglise de Fluquières est d'une grande simplicité, mais elle ne manque pas d'élégance, à l'extérieur comme à l'intérieur, par une ornementation choisie avec goût, complétée au fur et à mesure par les ressources limitées de la Fabrique, dont le budget annuel est de 750 fr. environ (produit des quêtes, locations de places, rentes des fondations suivantes) :

Fondation Famille Viéville-Meunier, du 15 octobre 1856.

Fondation Famille Ledoux-Bédu, du 17 avril 1877.

Legs abbé Mouton (né à Fluquières), curé de Pissy (Somme) : 200 fr., du 20 mars 1882.

Fondation Marie-Adèle-Eusébie Marest, du 5 juin 1883.

Fondation Bruy-Béguin, de 1897.

CIMETIÈRE

Le cimetière se trouve à 5 ou 600 mètres de l'Eglise, en dehors du village, sur le chemin de Douchy. Il fut installé là lors de la démolition de l'ancienne église (1), et le terrain, de 30 ares 60 cent., coûta 2.000 fr. Il est partagé en croix par deux allées transversales, au carrefour desquelles se dresse un Calvaire. A l'extrémité, en face de la grille d'entrée, s'élève une chapelle monumentale dont le caveau sert de sépulture aux membres défunts de la famille Vinchon-Belin. Complètement en pierre, ce petit édifice, d'environ 7 m. de long et 6 m. de large, s'ouvre par un portail ogival dont les voussures reposent sur trois colonnettes à chapiteaux sculptés. Autour de l'archivolte, en lettres gothiques, l'inscription : *Famille Vinchon-Belin*. Au-dessus de la porte, dans un écusson, les lettres V. B. entrelacées. Aux angles, deux clochetons ou pinacles ; le sommet du portail est hérissé de crochets, et se termine par une croix gothique.

(1) M. Viéville, notaire à Paris, avait donné pour cela 2.500 fr. Le terrain fut acheté à Médard Béguin. Les murailles coûtèrent 3.258 fr., en 1847.

Le toit est en dalles de pierre : à l'intérieur, deux grandes fenêtres latérales en ogive. Au fond, une table d'autel reposant sur des colonnettes sculptées. De chaque côté, un socle en bois supporte les statues de la Vierge et de Saint Joseph. Mais partout, des blocs de pierre, chapiteaux ou bases futures, non dégrossis, attendent le sculpteur. Sur le mur de chevet, se voit au crayon l'esquisse très ornementée du retable projeté, qui peut-être jamais ne sera mis en œuvre.....

Pendent opera interrupta...

Ce vers plein de tristesse revient à l'esprit quand on songe à cette maison prospère que fut celle de M. et Mme Vinchon, maintenant ruinée et déchue, et aussi à ce grand évêque qui était un peu le curé de Fluquières, tant il aimait à y prolonger son séjour, qui laissa aussi tant d'œuvres grandioses et de noble conception, interrompues et inachevées (1).

Trois ou quatre autres caveaux de famille, orientés d'un côté ou d'un autre, en briques ou en simili-pierre, détonnent par leur forme de temple mesquin, à fronton triangulaire, et

(1) Mgr de Garsignies, qui avait fondé l'orphelinat de Prémontré, l'œuvre des aveugles de Saint-Médard, etc,

ne semblent guère à leur place dans le champ du repos. Il faut mettre à part celui de la famille Viéville, en pierre, petit, mais gracieux dans son élévation de tombeau antique.

Une seule épitaphe est en vers. C'est celle de Dumaine, l'auteur du tableautin représentant le chœur de l'ancienne église. La voici :

Ci-gît, Auguste... dit Dumaine décédé à....

« Ne pleurez pas, ô mes chers frères,
Je revois nos parents pieux.
Que serviraient larmes amères,
Puisque nous nous verrons aux cieux ?

Réponse

Je reste donc, ô pauvre frère,
Je reste donc seul ici-bas.
Car Alphonse a quitté la terre
Peu de jours après ton trépas.
Mais attends-moi ; dans la patrie
Où Dieu nous donne une autre vie
Bientôt aussi tu me verras ».

Ces vers sont vraisemblablement de l'abbé Collier, oncle du défunt et de ses frères. Ils montrent plus de piété que de sentiment poétique : la littérature funéraire a produit rarement des chefs-d'œuvre (1).

(1) Nous nous associons au vœu de M. Poëtte pour demander la plantation d'arbres le long des murs du cimetière, ce qui existait autrefois : l'hygiène ne pourra qu'y gagner et aussi le recueillement qu'exige le lieu. Cf. M. Poëtte, loc. cit., pp. 185 et 186.

Les Calvaires sont nombreux à Fluquières comme dans les anciens villages. Ils sont peu curieux : un piédestal en brique et une croix en bois assez élevée avec Christ en fonte ou en bois. On en compte cinq, y compris celui du cimetière. Deux, l'un à l'extrémité de la Rue du Charron, l'autre au chevet de l'abreuvoir, paraissent fort anciens et tombent en ruines. Un autre, au carrefour de La Tombelle, moins élevé, s'appelle la croix Saint-Claude. Il renferme une statuette dans une lanterne fixée à la croix, et les mains dévotes y déposent en passant, soit des bouquets de fleurs des champs, soit des épis.

Un autre se trouve à l'entrée du village, près la route nationale : le piédestal est en pierre ; il a été « érigé en souvenir d'Albert Béguin, ravi à l'affection de sa famille le 25 juin 1882 », ainsi que l'indique une inscription.

Ces Calvaires autrefois avaient des troncs, où le passant déposait son aumône : honnêteté de l'âge d'or ! Celui de la rue de Douchy renfermait une fois 2 fr. 05 (1) !

(1) Registre de la Fabrique, 1er juin 1839.

PRESBYTÈRE

Le presbytère se trouve de l'autre côté d'une rue qui contourne la gauche de l'église. C'est une vieille et peu confortable bâtisse. On a pu suivre l'historique de sa reconstruction en 1784. Il fut sans doute, vers 1793, vendu, comme d'autres biens d'Église, car, en 1811, il fut racheté par la Commune à M. Béguin, pour la somme de 2.000 fr. A cette époque, le curé, M. Boillet, résidait depuis un an dans une maison de Douchy qu'il possédait en propre et qu'il ne quitta qu'à sa mort, le 10 janvier 1828.

Ce bâtiment n'occupe qu'un rez-de-chaussée. Dans une des pièces on peut voir une cheminée en forme de niche cintrée avec, aux angles, des anges, génies ou renommées à trompettes d'un effet bizarre.

ÉCOLES

L'école des garçons est située à l'angle de l'église, du côté droit. C'est une belle maison bien appropriée à sa destination, mais sans caractère original. Elle est construite en briques, avec pierres aux angles et aux différentes ouvertures, avec balcon en pierre également, au-dessus de la porte d'entrée. Elle a remplacé l'ancienne qui datait de 1836 et qui était alors mixte. L'architecte fut M. Dablin, de Saint-Quentin. Elle coûta 11.479.69. (1) L'adjudication fut faite en 1864 et la réception eut lieu en 1867. Le mobilier scolaire fut payé 457 fr. (2). Le logement de l'instituteur est vaste, la salle de classe suffisante et bien éclairée. La salle de mairie est au 1er étage au-dessus de la classe, dont elle a les dimensions. Elle a comme ornements un buste de la République et, en face, un beau portrait, richement encadré, de M. Dubois, ancien instituteur, don et œuvre d'un de ses anciens élèves, M. Pannellier, photographe à Paris.

L'école des filles, très grande et d'un bel aspect, se trouve plus loin, dans la Grand'Rue, entre une cour bien ombragée et un vaste jardin, avec préau couvert, deux salles de classe confortables et un 1er étage. Elle date environ de 1860, et à son sujet eurent lieu de vives polémiques.

(1) (2) Registre des délibérations du Conseil municipal et notes diverses.

En 1858, M. Viéville, notaire à Paris, avait donné à la Commune 10,000 fr. pour la construction, sur un terrain de vingt-deux ares, d'une école de filles, s'engageant à entretenir et subventionner des institutrices congréganistes ou « sœurs » à ses frais, si la Commune s'engageait aussi à débourser la même somme pour une école de garçons-mairie, et à parfaire le traitement des maîtresses d'école : M. Vinchon voulait bien contribuer aussi à compléter cette subvention. L'école est donc bâtie, les sœurs installées, fournies de linge et de mobilier, avec une rente de 600 fr. En 1870, par testament, M. Viéville lègue définitivement l'école à la Commune avec son contenu, le tout estimé 11.987 fr. Or, en 1883, le 20 septembre, après divers incidents, les institutrices « désertent leur école sans motif imputable à la municipalité » (1). Le maire et le curé font des démarches auxquelles il est répondu par un refus. En novembre, pour remédier à ce fâcheux état de choses, le préfet nomme une institutrice laïque. La sœur de M. Viéville réclame alors la maison, le mo-

(1) Jugement du tribunal de 1re instance de St-Quentin, 1885.

bilier, le linge, la rente de 600 fr., sous prétexte que la Commune avait rompu son contrat Le tribunal apprécia que l'intention du testateur avait été non pas tant d'entretenir des congréganistes que de doter la Commune d'un groupe scolaire complet, que les deux écoles formaient donc « un tout indivisible ». Quant à la rente, elle devait retourner aux héritiers (1). Ainsi fut terminé le débat, moins long certes que celui du curé et du chapitre dont nous avons parlé au XVIIIe siècle, et qui avait duré vingt-cinq ans.

Deux châteaux-villas de construction moderne s'élèvent, l'un sur la route qui mène à Etreillers, l'autre dans la propriété de M.Ledoux-Bédu (anciennement Mme Vinchon). Ce dernier, enclos de murs qui lui enlèvent beaucoup de pittoresque, est entouré d'un parc magnifique qui renferme de beaux arbres et quelques statues. Celui qui longe le chemin d'Etreillers, et termine de ce côté le village, est habité par les héritiers de M. Lemaire-Viéville. L'extérieur, sans être monumental, se présente bien, avec son corps

(1) Archives communales.

de logis flanqué de pavillons brique et pierre, sa cour fermée par une grille fixée à des pilastres de pierre arrondis par le haut et ornés de têtes de lion.

Derrière, un jardin bien dessiné fait la joie des yeux et l'admiration des visiteurs.

CHAPITRE IX

BIOGRAPHIE

Fluquières s'honore d'avoir eu comme curé au XVIIIe siècle, Louis-Paul *Colliette*, l'auteur des *Mémoires pour servir à l'histoire du Vermandois*, si justement estimés, mine précieuse où doivent puiser tous ceux qui s'intéressent à l'étude des antiquités de notre province.

***

Louis-Joseph *Dubois*, né en 1811 à Aubigny aux Kaisnes (canton de Saint-Simon), instituteur de Fluquières en 1830, mort en 1885, nous offre l'exemple d'une vie bien remplie, toute d'énergie et de labeur. La pauvreté de sa famille ne pouvait lui permettre d'aspirations bien élevées ; il n'eut pas d'autres professeurs que le « *Magister* » de son village, dont les traits suivants pourront faire mesurer la science. Un inspecteur vient à Aubigny, et dicte aux enfants cette phrase : les hommes que j'ai vus... puis il demande à l'un deux : « Qu'est-ce que ce *que*-là ? » L'enfant restant muet, le maître trépigne, puis, furieux : « B... d'imbécile, est-ce que tu ne sais pas ce que c'est qu'une *queue* de veau, une *queue* de mouton ? » Une autre fois, le magister se trouve en compagnie d'un confrère plus instruit, qui lui dit : Nous avons été à la ville... » puis, à brûle-pourpoint : « Confrère, vous savez sans doute ce qu'est cet *été*-là ? » Le magister de répondre, comptant sur ses doigts : « Comment ! mais le printemps, l'hiver, l'automne et l'*été !* » Ayant quitté cette école rudimentaire (1), L.-J. Dubois fut d'abord palefrenier d'un médecin à Villers-Saint-Christophe. Le curé de ce vil-

(1) Ces anecdotes, vraisemblables, sinon authentiques, nous ont été mille fois contées par M. Dubois, avec ce ton de belle humeur gauloise qu'il garda jusqu'à la fin. On peut d'ailleurs sourire, mais non se moquer de ces vieux maîtres d'école peu payés, peu considérés, dont le chant était souvent la seule science comme aussi le triomphe. Une anecdote encore de M. Dubois : Les Magisters de Grugies et de Dallon se disputaient sur la prononciation du mot *prodeunt*, dans une hymne.

lage, parlant du cheval du médecin (1), le nommait, par un affreux calembour, son *sub-tuum* (sub tue-hommes). C'est peut-être le contact de ce médecin, sa conversation, qui le disposèrent à envisager un plus brillant avenir. Après avoir accru par lui-même ses connaissances, il obtint au concours « la place » de Fluquières, qu'il dut d'abord à sa voix forte et sonore. C'est de là que date son essor. Il travaille avec acharnement à perfectionner ses premières notions, à les développer, allant même, la classe finie, se remettre à l'école chez un confrère voisin plus avancé. En quelques années, il obtient de nombreux pensionnaires, souvent de 15 à 20, et sa renommée pédagogique s'étend aux environs. Il forme des instituteurs, et on reconnait dans les écoles normales, dans les collèges, les élèves qui ont passé par ses

Le débat est porté devant *Minette*, grand chantre de Saint-Quentin : l'un prétendant qu'il fallait dire *prodeint*, l'autre, *prodeût*, le juge leur fait verser chacun 25 fr., et, les cierges allumés, en chape et surplis, il entonne gravement : « *Vexilla Regis prodeunt*. Et les deux s'en retourneront, l'un à Grugies, l'autre à Dallon. Et 50 fr. me resteront ».

(1) Les médecins d'alors, comme les curés, voyageaient beaucoup à cheval ou à âne : ils sortaient des mauvais chemins où un autre véhicule n'aurait pu passer.

mains et sous sa férule (1). Il a souvent de 60 à 80 écoliers, garçons et filles, et l'on n'exagérerait pas en portant à 80 le nombre de ceux qui lui ont dû un bel avenir. En 1879, après 49 ans d'exercice et de dévouement, il est contraint par la maladie, malgré son désir, sa volonté, et les regrets de tous, de résigner ses fonctions et de prendre une retraite bien méritée, dont la mort, bientôt, l'empêche de profiter longtemps. Ses obsèques sont suivies par une foule considérable, et plus d'une larme de reconnaissance coule sur sa tombe, cependant qu'on retrace en un discours ému (2) cette carrière si noble et cette vie d'une si belle unité.

Voici les principales récompenses que M. Dubois dut à ses efforts continus, aux succès de ses élèves, et surtout au souci qu'il eut toujours, étant arrivé, comme ses confrères, avec un bagage des plus minces, de se mettre de suite au niveau des progrès accomplis, à

(1) Ceci doit être entendu au propre ; la discipline qui, dit-on, fait la force principale des armées, était à l'école de Fluquières un principe intangible auquel tout manquement avait sa sanction immédiate et bien sentie.

(2) A la cérémonie religieuse, le doyen de Vermand prononça une éloquente oraison funèbre de cet homme de bien.

suivre l'évolution de l'enseignemeut primaire, qui fut si rapide dans ce demi-siècle qu'il passa à Fluquières :

1848-1849. Médaille de bronze.
1856-1857. Médaille d'argent.
1866. Prix du Ministre pour cours d'adultes.
1866-1867. Rappel d'un prix (cours d'adultes).
1866. Médaille d'argent.
1867-1868. Rappel d'un prix.
1867. Officier d'académie.
1868. Mention honorable.
1872-1873. Nouvelle mention.
1877. Officier de l'Instruction publique.

***

Fluquières a possédé un ouvrier poète que l'on ne peut guère comparer au foulon Basselin, au menuisier Billaut ou au coiffeur Jasmin, mais dont il est intéressant d'esquisser la physionomie. Ce tisseur, nattier et poète, se nommait *Dumez* ; il correspondait activement avec M. Dubois, qui aimait ses facéties et lui adressait en réponse des billets avec cette suscription : *A M. Dumez, tisseur et nattier, mieux vaudrait pour lui être rentier.* Celui-ci répliquait : « Si j'étais rentier, je serais sans doute voisin de la fortune ».

Dumez disait aussi, en parlant de ses œuvres poétiques, chansons pour la plupart, qu'il éparpillait de-ci de-là et dont il reste à peine un souvenir :

Si l'on faisait une croix
Chaque fois
Que je fais une faute ou grossière ou légère.
On prendrait sûrement
Mon ouvrage pour un cimetière.

Ce dernier vers semble indiquer un souci littéraire, mais « l'ouvrage » n'a jamais paru. La pensée est assez ingénieuse, mais de combien un couplet picard, assaisonné du sel du cru, serait supérieur à ces froids pastiches où semblait se complaire Dumez !

Voici un autre échantillon :

Arpin, si mémorable,
Respecté des mortels,
Pour ton zèle admirable
Il t'est dû des autels.
N'en soyons point jaloux...

Cet acrostiche, à rimes riches d'ailleurs, était la 1re strophe d'une chanson qui en comptait 100 et plus, sur la filature de Roupy, dont M. Arpin était le fondateur-propriétaire.

Dumez s'exerça aussi dans la satire. Il choisit, entre autres victimes, un certain Boinet, homme à tout faire, bedeau, exorciste et guérisseur (1), qui avait sans doute mené une existence aventureuse et bohême. Il disait de lui :

Bon voyage, adieu, père Boinet,
De vous revoir nous n'avons plus d'espoir ;
Bon voyage, adieu, père Boinet,
De vous revoir nous n'espérons jamais.

. . . .

En arrivant dans la ville de Bar,
Monsieur Boinet faisait beaucoup d'escarts (d'embarras)
En disant : « J'ai beaucoup d'outils,
Car je connais beaucoup de métyis (métiers). »

***

Un souvenir spécial est dû ici à la mémoire de Madame *Vinchon*, née *Clémence Belin*. Son mari, Jules *Vinchon*, avait fondé en 1835 l'importante sucrerie dont il ne reste que quelques pans de murs. Il exploitait aussi une ferme, la plus forte du pays avec celle de M. Viéville, et que les vieux désignent encore sous le nom de la « *cinse* » (lisez : cense). Il mourut peu après la guerre allemande, laissant à sa veuve le souci et la direction d'affaires auxquelles elle était peu préparée. Mais une tâche à laquelle elle avait

(1) On le venait chercher pour chasser le diable, qui faisait des prouesses dans un village voisin. Il demandait à quelle heure le Maudit avait signalé sa présence et répliquait : « Il ne pouvait être chez vous à cette heure-là, car il était chez moi ».

donné tous ses soins, et à laquelle elle ne fit jamais défaut, fut d'être pour le pays une bienfaisance vivante et une charité incarnée. Il n'est pas une famille qui ne lui ait été redevable, dont elle n'ait consolé l'infortune, secouru la détresse, utilisant en faveur de ses compatriotes les hautes relations dont elle disposait. Si elle pécha, ce fut par trop de bonté, par une générosité insouciante du lendemain.

Aussi son crève-cœur fut terrible, lorsqu'elle dut quitter son Fluquières, abandonner tous ses obligés, réduite, par d'amères vicissitudes auxquelles quelques-uns de ceux qu'elle avait comblés de bienfaits ne furent pas étrangers, à une gêne voisine de la pauvreté. Très dignement, elle se retira chez de vieux amis, sa vraie famille, où elle mourut en janvier 1895, à 70 ans. Son corps fut ramené à Fluquières, et inhumé dans le caveau que nous avons décrit.

***

M. *Lemaire*, conseiller à la Cour d'appel d'Amiens, chevalier de la Légion d'honneur, décédé en mars 1897, était le type du magistrat intègre et savant. Il se plaisait fort à

Fluquières, dans la propriété que lui avait apportée sa femme, née *Viéville*, descendante de cette vieille famille dont le nom revient souvent dans les annales du pays. Elle mourut en juillet 1898. C'était une figure intéressante. Aussi entreprenante et décidée que son mari était calme et grave, elle faisait songer aux héroïnes viriles de la Fronde. Tout Fluquières se souvient des fanfares de cor qu'elle se plaisait à sonner aux quatre coins de son parc, et des allures énergiques avec lesquelles elle conduisait, de main de maître, son équipage favori.

***

Il ne paraît pas d'ailleurs que Fluquières ait donné le jour à beaucoup de « notabilités », au sens ordinaire du mot. Les Fluquériens semblent avoir eu l'ambition unique de rester bons tisseurs, en général, ce qui n'est pas chose à dédaigner. Très peu d'indigènes ont abandonné, soit la culture, soit le tissage, pour embrasser une profession dite « libérale ». A peine pourrait-on citer quelques curés, instituteurs vivants, pas un avocat ni un médecin. Molière constaterait que ni les mœurs, ni la santé publique ne s'en portent plus mal.

M. *Lenoir*, commandant du génie, est de Fluquières. Très jeune, après avoir suivi simplement les leçons de son père, « chirurgien », comme on disait alors, c'est-à-dire médecin, et dont les anciens se souviennent encore avec attendrissement (car il était le dévouement, la bonté même) et aussi celles du curé du pays, M. Lenoir obtenait le diplôme de bachelier. A cette époque, ce grade n'avait rien perdu de sa valeur. Peu après, il entrait à l'École Polytechnique. Le Commandant Lenoir est décoré de la Légion d'honneur.

***

Un autre Fluquérien est aussi un bel exemple de ce que peuvent la ténacité et la loyauté, servies par une robuste intelligence. M. *Victor Pannelier*, né en 1840, enfant d'une pauvre famille, orphelin à cinq ans, ne doit qu'à ses propres efforts la situation très honorable qu'il a acquise. Obligé, l'été, de travailler aux champs, il ne pouvait fréquenter l'école qu'en hiver; mais les sages conseils du bon maître M. Dubois, les encouragements de Madame Vinchon, l'aidèrent à acquérir une sérieuse instruction primaire.

Jeune homme, il s'engage, part au Mexique, où, entre deux combats, il apprend l'espagnol. Rentré en France, à Paris, il se met résolument à se créer une position et choisit une des branches les plus difficiles de l'art industriel, la photographie, où il ne tarde pas à passer maître. En 1892, il est l'un des premiers organisateurs de l'Exposition de Photographie, et reçoit les palmes académiques. En 1894, l'estime et la sympathie de ses concitoyens le font désigner pour les fonctions d'adjoint du XIVe arrondissement. Aujourd'hui, il représente à l'Hôtel-de-Ville, comme conseiller municipal, le quartier de Plaisance, où ses qualités d'administrateur, le zèle éclairé qu'il met à étudier de préférence les questions intéressant les classes déshéritées et à en rechercher la solution, l'accueil bienveillant et dévoué qu'il fait à tous, et surtout l'unité d'une vie politique dont les convictions à la fois fermes et tolérantes commandent le respect, lui ont conquis une popularité du meilleur aloi.

Ajoutons que M. Pannelier n'est jamais plus heureux que quand il peut revenir passer quelques instants au pays natal, et qu'il conserve à la mémoire de ceux qui ont secouru et instruit son enfance, un souvenir de perpétuelle gratitude qu'il a déja affirmée en diverses circonstances. Et la première chose qui frappe le visiteur, dans l'antichambre de l'atelier de l'Avenue du Maine, où se trouve la photographie Pannelier, ce sont les deux visages vénérés et parlants, du vieil instituteur, M. Dubois, et de la bienfaitrice, Mme Vinchon.

***

Fluquières peut s'honorer à juste titre, en ce moment, de posséder une des plus belles familles de France. Qui sait? Peut-être peut-il tenir le record de la fécondité, ce qui n'est pas négligeable pour une nation. M. et Mme *Gossart-Dathy* ont, en effet, *dix-sept enfants*, tous vivants, dont neuf garçons et huit filles, échelonnés de vingt-quatre ans à deux mois. Cette superbe maisonnée, laborieuse fourmilière, va seulement commencer à se désagréger par le premier mariage d'un de ses membres. Mais la souche est encore vivace. M. Gossart a quarante-six ans, Mme Gossart quarante et un ans. Ils n'ont pas encore dit leur dernier mot et, il faut l'espérer, ils dépasseront la vingtaine. Il y aura alors bien peu de citoyens français pour avoir mérité plus que ces humbles tisseurs, une récompense nationale.

ETHNOGRAPHIE

Les Fluquériens sont picards. C'est dire qu'ils ont, du picard, la ténacité proverbiale (1), l'esprit naturellement curieux (2) et la langue bien pendue. Ils sont intelligents, ouverts au beau, appréciant assez les bienfaits de l'instruction, assistant assidûment aux Cours d'adultes et Conférences, ainsi qu'aux représentations théâtrales de passage, aimant du reste beaucoup la musique (3).

Honnêtes et loyaux, ils sont plutôt faciles, sous le rapport des mœurs : les petits « collages » sont assez fréquents. En religion, presque indifférents, ils ont gardé vivace le culte des

(1) Comme les « *mulets* » de Savy.

(2) Les « *beyeux* » de Saint-Quentin.

(3) Un grand nombre de conscrits deviennent au régiment d'experts maîtres d'armes ou de bons musiciens. En un mot, ils ne vérifient pas, dans l'ensemble, le proverbe méchant :

Picard, ta maison brûle !
— Fût-che ! J'ai l'clé dein m'poche.

Morts, et l'Eglise est pleine les jours où se célèbrent les offices des Défunts et où ont lieu les processions au cimetière.

En politique, car la politique les inquiète, et ils lisent sérieusement les journaux, ils marchent un peu dans l'orbite de la « grand'-ville », Saint-Quentin ; naturellement libéraux d'ailleurs, et rebelles à toute intolérance. Gagnant facilement leur vie, ils ont pris le goût du luxe et de la toilette, comme aussi d'une assez bonne chère. Les jeunes filles sont coquettes : chose permise, quand on a l'ambition d'épouser peut-être un « pareur » — Hélas ! Il n'y en a que douze, et la plupart pourvus. — On peut leur appliquer ce que dit de Saint-Quentin, dans un joli tableau, un auteur du dernier siècle : « La classe intéressante des jeunes ouvrières mérite ici une mention particulière. Leur nombre et leurs grâces naturelles ont bientôt fixé l'attention de l'étranger qui voit le soir ces jolies filles groupées çà et là sur la place ou se promenant les bras entrelacés. On aime à les suivre le dimanche à la guinguette de Remicourt (lisez ici : aux fêtes des environs), où la danse les délasse des occupations sédentaires de la semaine : heureuse et gentille jeunesse, dont la vie se partage entre le travail et le plaisir! Il ne manque qu'une chose à leur bonheur, c'est de savoir le connaître..... Nous ne nous rendrons pas garant de l'innocence de toutes ces aimables personnes, mais généralement on trouve parmi elles des mœurs et de la décence » (1).

Les facilités actuelles ont tué le charme des divertissements d'autrefois. Aux promenades en famille à Cagny, au bois de l'Arche, aux « fêtes » de Douchy, Germaine, Roupy, etc., même de St-Simon — cette dernière où l'on mangeait de la « tarte à l'œillette » (2) — ont succédé d'abord les parties de pêche à Tugny, Dury ; puis on a voulu voir du pays, on a fait, on fait des voyages. Ce n'est plus le temps où aller à la « Saint-Denis » était la merveille des merveilles, la féerie promise dont les enfants se réjouissaient à l'avance : il n'est pas de petit ménage à qui les trains

(1) Extrait du manuscrit du citoyen Desmarets, cité par M. Lecocq, Saint-Quentin, pp. 15 et 16.

(2) Chaque « fête » avait son mets spécial. Un vieux couplet dit : « In carillonne à Saint-Quentin, des tripes pi du boudin. In carillonne à Sainte-Maguerite (Vermand), des tripes pi del flamike ».

de plaisir pour Paris, Boulogne, Dunkerque, un concours de musique, n'aient fait déserter son foyer (proh pudor !), le jour de la fête patronale ! La poésie s'en va, mais c'est le progrès !

Le costume n'a rien de particulier. Quelques vieilles mamans portent encore la « *marmotte* » ou mouchoir de tête, autrefois de couleurs vives. Quelques vieux ouvriers aussi, très rares, conservent le dimanche la blouse bleue bien empesée, comme une chape, la casquette de soie noire assez haute, le col brisé allant jusqu'aux oreilles, et la cravate de soie noire 1830. En semaine, les tisseurs ont encore généralement le long tablier bleu à bavette, mais la blouse est abandonnée, et en tenue de fête le « melon » disgracieux et le « complet » bête et uniforme sont préférés.

On parle encore à Fluquières le patois picard, que l'instruction obligatoire n'a pas su complètement éliminer : les enfants le parlent entre eux et avec leurs parents, pour parler le français seulement à l'école. Le Fluquérien indigène (les émigrés du Nord ont le langage plus âpre) se distingue des habitants des villages voisins en ce qu'il ne nasalise pas autant que les gens d'Etreillers, ne zézaie pas comme ceux de Douchy (prononcez ; Doucy), ne siffle pas comme les picards septentrionaux. C'est un langage sans accent trop désagréable, à part le son *in* qu'il faut toujours réserver, et dont la nasalisation bizarre nous est commune avec les méridionaux.

Le patois picard est riche ; quoique perdant de jour en jour de ses ressources, il en a encore assez pour constituer un idiome à part, soit que son accent transforme, par des lois régulières, les mots français actuels, soit qu'il ait conservé des vocables spéciaux, expressifs et vivants, souvent empruntés directement à la vieille souche romane et tout imprégnés de saine saveur gauloise (1). Il y a toute une étude à faire du patois du Vermandois et même de celui de chaque village, pris en soi : étude difficile et complexe, mais qu'égayeraient des trouvailles curieuses (2) et d'in-

(1) On retrouve là l'esprit « pointu » du picard, enclin à la satire, aimant les choses salées, les gaietés exubérantes.

(2) Qui se douterait que l'habitant de Fluquières tend la main au Suisse, et que le patois de notre village a bien des ressemblances et des identités avec celui de Viennaz ? — Cf. étude sur ce patois suisse, par M. Gilliéron ; Bibliothèque de l'Ecole des Hautes Etudes.

téressantes éclaircies psychologiques : tel peuple, telle langue. Mais le patois disparaîtra fatalement : déjà un mélange hétéroclite de français et de picard, l'un parfois pris pour l'autre (1), remplace le franc et pur idiome des aïeux. Linguistes, hâtez-vous : chaque jour, l'instituteur primaire prononce la sentence de mort, le *delenda Carthago* du patois (2).

Des pieuses coutumes, des anciennes traditions, quelques-unes sont demeurées, dont plusieurs, du reste, ne sont pas spéciales à notre village.

Le jour de l'an, force sorties et embrassades. On se souhaite patriarcalement « une bonne année, parfaite santé ». Les enfants se réunissent et, de maison en maison, vont demander leurs étrennes consistant en un Saint Nicolas de sucre ou un « cœur » de pain d'épice. Le mardi-gras, il y a encore quelques masques et travestis : le lendemain, on « enterre » Mardi-Gras, un bonhomme en

(1) On dira, croyant se distinguer : un poulet cuit dans son *jeu*, le mot *jeu* français se disant *ju* en patois.

(2) M. G. Paris réunit, pour 1900, les éléments d'une carte linguistique de France, comprenant les patois des diverses régions.

paille affublé d'un vieux chapeau, qu'on brûle en un feu de joie.

Le jeudi-gras (dit : *Jeudi-Jeudjou*) les gamins vont quêter quelques bribes de pâtisseries ou quelques sous, en chantant :

Saint Pinchard (St Ventru, Pansard) n'a po dîné,
Donnez-li ein' croûte ed' pâté,
Coupez heut, coupez bas,
Donnez-li un bon mourcheu d' gras,
— Ni coutcheu ni allémelle (manche de couteau),
— Donnez-li l' part tout intjère (entière).

Le mercredi de la fête patronale, les jeunes gens font le tour du village en sollicitant la générosité pour enterrer la fête : c'est ce qu'on nomme « l'*arrière* ».

A la Noël, à la Saint-Nicolas, le samedi-saint, les enfants déposent leurs souliers dans la cheminée (1) et y cherchent ce que le ciel leur a envoyé.

Le samedi-saint, les enfants de chœur vont demander leurs « œufs rouges ». Après avoir vaillamment « ruttelé » (2), ils entonnent, sur l'air du motet sacré :

(1) Pour le retour des cloches, censées parties à Rome depuis le jeudi-saint.

(2) Jouer de la « ruttelle » ou crécelle.

Ché fiu, ché files, soyez joyeux,
Donnez des ûefs à ché rutteleux,
Un jour viendra, Dieu vous les rendra.
Alleluia.

Aux noces, on empêche le cortège de passer pour se rendre à l'église par une « barrière » : c'est une guirlande fleurie dont les extrémités sont tenues par deux enfants. Les mariés essuient un compliment, et donnent un pourboire. Aux fêtes anniversaires de corporation, baptêmes, on tire des salves. A ces dernières cérémonies, pluie traditionnelle de dragées, mêlées de sous, quand les parrain et marraine sont généreux et ne méritent pas l'épithète de « *à l' poche treuée* ».

En entrant dans une nouvelle maison, on pend encore, en un festin de famille, la crémaillère. On joue aux cartes : les nouveaux jeux détrônent peu à peu le *plus-de-point*, le *mariage*, le *piquet*, la *bourre* (où l'on misait avec des noix, dans les soirées d'hiver). Le billard, l'écarté, la manille même ont la préférence des jeunes gens, le dimanche et même le lundi, malgré l'amende au tissage, en attendant que la bicyclette les ait conquis.

Il y a parfois un « prix », concours de tir

avec récompenses consistant en jambons, champagne, etc., organisé par un débitant. Autrefois, ces divertissements étaient très connus, et chaque commune avait son « prix », à une date fixée de façon à ne pas faire de concurrence déloyale aux villages voisins.

Il y avait aussi le jeu de *bourlette*, qui consistait, avec le gros bâton de ce nom, à casser le cou à une malheureuse oie attachée à un pieu, et souvent vivante, ce qui ne manquait pas de cruauté.

Quelques superstitions sont restées dans l'esprit des vieux : on craint comme présages de malheur le passage des pies (*agaches*), des chouettes.

On fait croire aux enfants que « *Loripète à zïu d' facons* » (aux yeux de braise), va les prendre s'ils ne sont pas sages, que des « *furolles* » (feux-follets) effrayent les chevaux et égarent les charretiers.

Il y a quelques mets locaux, connus d'ailleurs dans beaucoup de villages du Vermandois : le poireau et l'ail en forment la base (ce dernier condiment nous invite à un curieux rapprochement entre le picard et le provençal). La *flamike* (flamiche) est une tarte aux poireaux. On mange aussi ces derniers en fricassée. De même pour la citrouille et le potiron. La tarte au fromage blanc est très appréciée. A Noël, on fait des *arieu*, brioches recouvertes de miel. On fait aussi des galettes à la *levure*, brioches sèches. Quand on cuisait le pain, on avait des galettes *à l' fouée*, qu'on mettait au four pour en essayer la chaleur. La tarte à l'œillette est un plat également disparu. Les graines pilées étaient cuites au beurre avec des oignons et formaient la « *farce* ».

On mange encore beaucoup le fromage blanc assaisonné d'ail, sel, poivre, qui rappelle la recette d'un mets décrit par Virgile (1) ; la « *deuce* » (dosse), croûton frotté d'ail, d'oignon ou de cerfeuil, avec du beurre, accompagné de pommes de terre : régal apprécié des amateurs, mais qui demande une certaine éducation du palais.

On boit généralement de la bière, très peu ou pas de vin : il est cher, du reste. Le café, avec la *goutte*, a beaucoup d'adeptes fervents. Néanmoins, l'alcoolisme ne fait guère de

(1) Le « Moretum ».

ravages à Fluquières. Ce « guère » n'est-il pas déjà trop ?

CHAPITRE X

AGRICULTURE

Les 500 hectares environ de superficie qu'a le terroir de Fluquières se partagent ainsi :

Terres labour., environ	430 hect. (dont 300 de 1re classe).
Terres plantées. . .	40
Terres en bois . . .	10
Vergers	3
Jardins potagers . .	10
Jardins d'agrément .	2
Propriétés bâties . .	5

Le revenu imposable est à peu près de 15.000 francs.

L'agriculture est assez prospère, le sol en général est très fertile. De nombreuses fermes le mettent en valeur : celle de MM. Ledoux-Bédu (anciennement M. Vinchon), la «*cense*» d'autrefois ; de M. Belin, très belle ferme neuve, d'aspect pittoresque, sur le bord de la Route Nationale, dite *Ferme Rouge*, sont les deux plus importantes. Celle de M. Viéville n'est plus exploitée.

Le colza et l'œillette ne sont plus cultivés depuis quelques années, ces denrées ne réussissant plus et demandant une coûteuse main-d'œuvre que le prix de vente ne couvrait pas toujours.

STATISTIQUE AGRICOLE (1896)

Céréales	Etnedue cultivée	Production totale		Product. par hect.		Poids de l'hect.
		Grain	Paille	Grain	Paille	
	hect.	hectol.	quintaux	hectol.	quintaux	kilogr.
Froment et épeautre	168	4.704	3.360	26	20	73
Seigle	16	416	291,20	26	16.20	70
Orge	25	875	437,50	35	17,5	60
Avoine	90	3.600	1.800	40	20	46

		Production totale	Valeur	Product. par hect.	Valeur du quint
Pommes de terre	2	240 qx.	1.200 fr.	120 qx.	5 fr.
Betteraves à sucre	100	30.000	75.000	300 »	2 fr. 50
Betteraves fourragères	4,5	2.025	4.050	450 »	2 »
Trèfle	27	1.620	4.860	60 »	3 »
Luzerne	16	720	3.600	45 »	5 »
Fourrages annuels	24	1.670	8.400	70 »	5 »
Fourrages temporaires	6	1.140	513	190 »	0 fr. 45

ANIMAUX

CHEVAUX	BŒUFS à l'engrais	VACHES	GÉNISSES	ÉLÈVES	PETITS VEAUX	PORCS	CHÈVRES
99	48	45	12	6	3	28	1

PRODUITS

	NOMBRE	PRODUCTION TOTALE	VALEUR TOTALE	PRIX DE L'UNITÉ
Lait		760 hectol.	12.920 fr.	17 fr. l'hect.
Ruches	15 miel	60 kilogs.	90 fr.	1 f.50 le kg.
	cire	10 —	25 fr.	2 f.50 le kg.

INDUSTRIE ET COMMERCE

On essaya en 1882 d'établir à Fluquières un marché hebdomadaire (1), le dimanche, sans succès, d'ailleurs. Non pas que les chalands manquassent, mais l'approvisionnement se faisant presque chaque jour par les maraîchers de Tugny, Dury, etc., c'était double emploi.

Il y a à Fluquières un boucher, un boulan-

(1) Arrêté préfectoral du 18 avril 1882. Les heures étaient de 7 à 10 en été, de 8 à 11 en hiver.

ger, un charron, deux cordonniers, un maréchal, six épiciers, un marchand de charbons, deux maîtres-maçons, un entrepreneur de peinture et vitrerie, dix cafés.

Le moulin de La Tombelle n'existe plus depuis 1870. On pourrait citer également la fabrique de pains d'épices et de biscuits « de Reims » qui se trouvait dans la maison de M. Duquenne.

***

A Fluquières, comme dans tout le Vermandois, l'industrie la plus développée était celle du tissage des étoffes de coton et autres. Il avait lieu dans les caves (1). Les femmes faisaient des trames (2). On tissait, avant M. Ledoux, seulement des nansouks et des jaconas.

Dès 1579, Crommelin introduisait dans le Vermandois le tissage des linons. En 1661, les actes de l'Etat-Civil mentionnent des tisseurs et « mulquiniers » (3). Un tisseur recevait

(1) Dans les caves, l'humidité était favorable aux fils, qui ne devaient être ni encollés ni gommés, ceux de chaîne du moins; on travaillait à la clarté d'un lumignon fumeux, avec pourtant bien du fini et de la délicatesse.

(2) Il y avait aussi quelques brodeuses pour manchettes, collerettes, jabots.

(3) « Ancien terme de commerce; celui qui fabrique des toiles fines ». Littré.

au XVIIIe siècle, pour une pièce de linons, quinze francs. Il pouvait en faire vingt-cinq par an : revenu modique de 375 francs (valeur qui représenterait pourtant au moins 800 fr. aujourd'hui. En 1826, les salaires étaient : fileuses, 2 fr. 75 à 3 francs ; ourdisseuses, 1 fr. 25 ; tisseurs de campagne, 1 franc 25 à 1 franc 75 par jour ; trameuses et bobineuses, 0 franc 75 (1). « Flavy-le-Martel était alors le centre de la fabrication des tissus dits Rouenneries. Aubigny, Douchy, Etreillers, Beauvois, Fluquières, tissaient alors. La réputation d'habileté dont jouissaient les tisseurs de ce district manufacturier était telle, que les fabricants de Rouen cherchèrent aussi à y venir monter des contre-maîtres auxquels ils envoyaient des cotons à mettre en œuvre. Quand les tissus étaient confectionnés, ils leur étaient retournés par des messagers qui partaient régulièrement pour la Normandie trois fois par semaine. »

En 1852, un certain Marquette, esprit intel-

(1) Ces données, qui nous paraissent un peu exagérées, sont extraites, ainsi que les suivantes, de l'ouvrage d'ailleurs si complet et si précis de M. Ch. Picard : Saint-Quentin, son commerce et ses industries. Cf. tome II, pp. 137, 514 et passim.

ligent, mais aventureux, avait réuni quelques ouvriers, cinq ou six métiers mécaniques, dans le local où est le parage actuel de M. Ledoux. Plus tard, il y ajouta un moulin à vapeur et ne réussit pas. Vers 1858, M. Ledoux-Bédu, de Saint-Quentin, reprit l'usine avec une vingtaine d'ouvriers. En 1860, eurent lieu de nouveaux agrandissements, continués, après la mort de M. Ledoux père, en 1875, par son fils, M. Octave Ledoux, possesseur actuel. C'en était donc fait du tissage en cave où, dans les villages à l'aspect endormi, l'hiver, le bruit alternatif des navettes semblait une respiration, une mélopée berçante et monotone.

Le tissage mécanique de Fluquières occupe actuellement 250 ouvriers, dont 12 pareurs, 28 ourdisseuses et bobineuses, 118 tisseurs conduisant 336 métiers, et dirigés par six contre-maîtres. De plus, il y a un nombreux personnel de mécaniciens, chauffeurs, métreurs, menuisiers, etc. Un directeur donne l'impulsion à cet organisme intéressant.

La force motrice est fournie par une belle machine à vapeur de cinquante chevaux. Un gazomètre fournit l'éclairage. Les nouveaux bâtiments sont conformes aux meilleures prescriptions hygiéniques, à toits obliques et vitrés donnant une lumière normale.

Les tisseurs proprement dits sont payés au mètre. Ils gagnent en moyenne 3 francs par jour, les ourdisseuses et bobineuses 2 fr. 50, les pareurs 8 fr. Ceux-ci sont donc les gros bonnets de l'endroit. Faut-il ajouter que ce salaire est bien gagné par la fatigue d'une rude besogne accomplie dans une atmosphère surchauffée qui les expose à de brusques refroidissements ?

On a toujours fabriqué, au tissage de Fluquières, les mêmes étoffes, qui sont de cinq sortes, soit, du plus au moins fin : *percale*, *jaconas*, *nansouk*, *mousseline*, et un article croisé, le *satin*. Les largeurs sont 3/4 (0 m. 80), 4/4 (1 m.), 5/4 (1 m. 20 à 1 m. 30).

Le coton filé sous forme de bobines est dévidé sur de nouveaux bobineaux par les bobineuses. Les ourdisseuses mettent le coton sur des rouleaux, qui sont ensuite parés (encollés et brossés à la chaleur nécessaire pour les sécher rapidement). Puis on engage les rouleaux sur les métiers.

On fait à Fluquières annuellement 2.500

pièces de 65 mètres, soit 162.500 m. d'étoffe. Les tissus de Fluquières ont une juste réputation qui a été reconnue en diverses Expositions et consacrée par plusieurs récompenses :

Exposition de Londres, 1862 — Médaille.
— de Paris, 1867 — Médaille d'Or.

Au sujet de cette dernière, on trouve, dans l'Almanach-Annuaire de Saint-Quentin pour 1868, les lignes suivantes : « 13 juillet 1868 — Les ouvriers tisseurs et les contre-maîtres du tissage mécanique de Fluquières offrent à M. Ledoux-Bédu un objet d'art d'un beau travail (pendule) comme témoignage de leur satisfaction au sujet de la distinction que les produits du tissage ont reçue à l'Exposition. Une fête a lieu ensuite dans les ateliers. »

La Société de Secours mutuels a été réorganisée en 1894. La caisse est formée par des cotisations volontaires. M. Ledoux abandonne à la Société le produit des amendes et absences.

Le président actuel est M. S. Lépine.

***

Une fabrique de sucre a été fondée par M. J. Vinchon en 1835. Elle faisait environ 4 à 5.000 sacs et occupait 60 ouvriers. A la suite de diverses vicissitudes, elle fut dirigée par M. Belin, puis par des Sociétés, dont celle des Magasins du Printemps, dont le propriétaire est le fameux M. Jaluzot. Elle n'est plus aujourd'hui qu'une ruine, ce qui est regrettable pour les familles qui y trouvaient du travail et du pain.

CHAPITRE XI

LIEUX-DITS.

Le plan cadastral de Fluquières remonte à 1834. Il demanderait une réfection totale, ce qui entraînerait une forte dépense.

Nous y voyons que le terroir de Fluquières se partage en trois sections et vingt-cinq lieux-dits, qui portent les noms suivants :

Section A, de Cagny.

1. — Entre les deux chemins de Douchy.
2. — Pâture du bois Grignard.
3. — Pâture de la vallée de Germaine.
4. — Pâture de Cagny.

5. — Pâture de Pommery.
6. — Pâture du bosquet de Pommery.

Section B, du Village.

1. — Pâture de l'Enfant trouvé.
2. — Pâture du Calvaire.
3. — Le Village.
4. — Vis-à-vis la Ferme.
5. — Le Buisson La Violette.
6. — Pâture de Douchy.
7. — Les Hurtes.

Section C, de la Tombelle.

1. — Pâture du bois Vinchon.
2. — Pâture du bois Mennuy.
3. — Les Trente Setiers.
4. — Entre deux chemins.
5. — Les trois Muids.
6. — Le champ Cabaret.
7. — En Bouy.
8. — Le Muid Charbon.
9. — Pâture de La Tombelle.
10. — Le Cheminet.
11. — Pâture du bosquet de Seraucourt.
12. — Grande pâture du Cheminet.

Les anciens lieux-dits étaient les mêmes ; on trouve les noms d'autres, comme La voie de l'Adresse, la Cense de Bury, le Champ Métuger, La Mutte.

MOUVEMENT DE LA POPULATION.

Elle a beaucoup varié :

1698	210 habitants (rapport de l'Intendant Bignon)				
1789	244 (80 feux.)		1866	646	habitants
1800	400	habitants	1872	637	—
1837	451	—	1876	715	—
1841	442	—	1881	805	—
1855	618	—	1886	780	—
1856	533	—	1891	749	—
1861	549	—	1896	767	—

L'accroissement est sensible jusqu'en 1881. La Fabrique de sucre ayant cessé de fonctionner alors, l'émigration des familles d'ouvriers nous expliquerait le recul.

Le dernier recensement (1896) se décompose ainsi :

RUES	MAISONS	MÉNAGES	HABITANTS
Rue de la Biette.	4	5	16
Rue de Là-Dessous.	32	53	192
Rue Nationale (Le Pavé).	14	23	75
Rue du Faubourg.	25	46	157
Rue du Charron.	21	29	76
Rue de Là-Haut.	22	30	110
Rue de Germaine.	5	7	33
Rue de la Tombelle.	1	2	5
Rue du Café Vert.	3	4	10
Rue de Seraucourt,	8	6	18
Rue Saint-Lazare (1).	2	16	65
Rue de la Désolation.	3	5	15
TOTAUX. . . .	135	226	767

Sur ces 767,

663 sont natifs de l'Aisne.

63 sont natifs du Nord (familles nombreuses).

28 sont natifs de la Somme.

ETAT-CIVIL

CÉLIBATAIRES	MARIÉS	VEUFS	DIVORCÉS
189 M (1) 194 F	161 M 164 F	11 M 51 F	1 M 3 F
376	325	62	4

(1) Quartier tout moderne, habité d'abord par les pauvres : de là son nom, qui ne se rapporte d'ailleurs à aucune maladrerie ancienne.

(2) M, masculin ; F, féminin.

32 familles ont 0 enfant.
50 « 1 «
34 « 2 «
19 « 3 «
8 « 4 «
3 « 5 «
3 « 6 «
12 « 7 « et au-dessus

C'est une moyenne de deux enfants par famille.

TABLEAU DÉCENNAL

ANNÉES	NAISSANCES Légitimes		Naturelles		Total	MARIAGES	DIVORCES	DÉCÈS		Total
1887	5 M	8 F	2 M	2 F	17	6	2	1 M	5 F	6
1888	9	9	3		21	8		5	7	12
1889	12	11	3	1	27	5		14	1	15
1890	5	3	1	2	11	5		6	3	9
1891	9	12	2		23	8		5	7	12
1892	6	10	1	2	19	6		14	9	23
1893	6	11	4	3	24	9		6	5	11
1894	8	9	2	3	22	3	1	8	6	14
1895	9	4	1	2	16	6	1	10	10	20
1896	9	5	2	3	19	6		14	4	18
	78	82	19	20						
TOTAUX.	160		39		199	62	4	83	57	140

Les naissances ont donc par an une moyenne de 19,9. (Les légitimes, 16 et les naturelles, 3,9) ; (celles des garçons, 7,8 ; des filles, 8,2).

Les mariages, de 6,2.

Les divorces, de 0,4.

Les décès, de 14, (pour les hommes, 8,3 ; les femmes, 5,7).

Les hommes paraissent donc plus atteints par la mortalité : ainsi, dans les veufs de 1896, il y a 11 hommes et 51 femmes.

***

Les listes électorales comptent 204 électeurs.

Les illettrés sont peu nombreux. Environ 150 enfants fréquentent les écoles, 100 filles ou jeunes enfants et 50 garçons.

Les crimes sont inconnus, les délits rares.

LISTE DES MAIRES (CONNUS)

1576. Adrien Mennuy.
1584. Jean Bidelin, syndic.
1753. Guilbert Mathieu, syndic.
1766. Claude Oudin, syndic.
1784. Rozier Charles-Antoine, syndic.
1788. Degouin.
1789. Viéville Louis.

1792. Corrion, « officier public », ; Béguin, greffier (1).

1792. Oudin Joseph, officier public.

1792. Puissart Claude, officier public.

1795-96. Augustin Mouton, « agent municipal ».

1797-98. Béguin Charles, « agent municipal ».

1798-99. D'Autigny, « adjoint ».

1799-1800. Augustin Mouton « maire provisoire ».

1800. Ch. François Viéville, maire.

1803-04. « Citoyen » Aug. Mouton ; Béguin Ch. Ant., adjoint.

1806. Vinchon, maire.

1808. Béguin Ch. Ant., adjoint.

1837. Viéville A. V., adjoint, puis maire.

1871. Damiens P. F.

1879. Belin Gaston.

1887. Damiens P. F.

1890. Rozier Charles.

1896. Ledoux Octave.

CONSEIL MUNICIPAL EN EXERCICE

MM.

Ledoux, maire ; Thiéry A., adjoint.

(1) Actes de l'État-Civil.

Lefèvre V., Fontaine E., Butin V., Delacroix H., Lefèvre Ch., Loncle L., Gronnier P., Wattebled V., Rozier Ch., Quentin E., conseillers ; soit : 12 (Fluquières ayant plus de 500 habitants).

LISTE DES INSTITUTEURS

169*. Duquenne Nicolas, « clerc séculier ».

1705. Percheval Q., « clerc laïc ».

1748. Lefèvre Claude, « clerc séculier ».

1767. Choquenet Jos. Benjamin, « maître d'école ».

1803. Augustin Mouton, « clerc séculier ».

1807. Formentin Joseph-Quentin « né à Marteville, instituteur demeurant à Fluquières » (1).

1809. Augustin Mouton « maître d'école » ; puis « percepteur à vie », « clerc laïc ».

1815. Leneutte, Auguste.

1831. Dubois, Louis-Joseph.

1879. Hachon Alphonse.

Depuis :

MM. Marchand.
Cardot.
Pépin.
Bleu.

1895. Guillaume, en exercice.

(1) Actes de l'état-civil.

INSTITUTRICES

1739. Cléret ou Clairet, Louise « maîtresse d'école ».

1761. Toquenne Marie-Barbe, « fille maîtresse d'école ».

1771. X. « sœur d'écolle, exempte de taille » (voir Notice historique, 1771).

1859. Sœurs de l'Enfant-Jésus.

1883. Mlle Gérain, directrice.

Depuis :

Madame Cardot.

Mademoiselle Pépin.

Madame Bleu.

— Doucedame.

Mesdemoiselles Biziau, en exercice.

La Directrice de l'École des filles est assistée d'une adjointe qui s'occupe spécialement des enfants de moins de 5 ans.

On peut trouver que, de 1879 à 1896, 12 instituteurs et institutrices s'étant succédé à Fluquières, l'instruction et l'éducation des enfants ont dû manquer un peu de solidité et de méthode, et que les résultats de l'enseignement n'ont guère pu être excellents. Nous enregistrons simplement cet état de choses, sans rechercher à qui en incombe la responsabilité, mais on attend l'instituteur qui, comme M. Dubois, restera 50 ans au même poste. Espérons qu'il se rencontrera.

LISTE DES CURÉS

. . . Nicole Richard.

1661-85. Barbier Gilles (décédé le 1er novembre 1685).

1686-1705. Debrunville (ou Debrunuillier) Antoine.

1705. Intérim de Ant. Lefèvre, curé de Roupy.

1705-14. Poinsart.

1715. Intérim de Gallet, curé d'Hérouel, de Léger, curé de Vaux, de Lecointe, curé d'Etreillers.

1715-22. Ducauquy.

1722-83. Adrien Lenglet « doyen rural de St-Quentin jusqu'en 1758, mort en 1783 ».

1758. Intérim de Louis-Paul Colliette, curé de Gricourt.

1783-92. Courtin, retiré ensuite à Happencourt.

Réouverture des Eglises : Dathy.

1805-28. Boillet, Jean-Charles, d'abord curé

de Roupy, mort à Douchy en 1828. Ses cendres reposent dans l'Eglise neuve de cette paroisse.

1828. Intérim de Mary, curé d'Etreillers.

1829-38. Sallandre, René.

1838-62. Collier, Henri.

1862-74. M. l'abbé Brancourt, Alphonse, aumônier à Saint-Quentin, doyen de La Capelle, vicaire général de Soissons (1).

1874-79. M. l'abbé Carlier, Léon, gradué en théologie, aumônier du lycée de St-Quentin.

1879. M. l'abbé Duval, E., en exercice.

***

Fluquières possède une subdivision de sapeurs-pompiers.

Sous-Lieutenant commandant : M. Morel. Il y a deux pompes, l'une communale, l'autre appartenant à M. Ledoux et réservée au tissage.

Il existait aussi une Fanfare, dont l'histoire est intéressante :

L'abbé Carlier avait réuni quelques jeunes gens et en avait formé une modeste Chorale.

(1) Auteur de l'intéressante notice sur l'Eglise et le village de Douchy.

M. L. Loncle eut alors l'inspiration de fonder une Fanfare, qui prit le nom plein de promesses de la *Jeune France*, et qui compta bientôt une vingtaine d'exécutants. La bonne volonté, l'ardeur et l'excellente direction de la Société lui valurent de bonne heure des succès. M. Catry, ex-piston solo au 89e de ligne, prit, à son retour du régiment, le bâton de chef. Sous un nouveau nom, *La Concorde* (autorisée le 1er décembre 1886), la Fanfare parcourut encore de glorieuses étapes, jusqu'en 1895, où, sans se dissoudre officiellement, elle cessa ses répétitions, au grand deuil des amis et habitants de Fluquières. Nous voulons espérer sa résurrection (1).

Principales récompenses obtenues par la Fanfare de Fluquières :

Concours de St-Quentin, 10 Juin 1882, une Médaille argent.

Concours de Ham, Septembre 1882, une Médaille argent.

Concours d'Amiens, 27 Mai 1883, deux Médailles, dont une vermeil.

(1) Ce vœu est exaucé aujourd'hui, grâce à l'initiative intelligente de M. Boitelle fils, sous la direction duquel la Fanfare restaurée ne peut manquer de cueillir de nouveaux lauriers.

Concours de Nesle, Juin 1884, deux Médailles, dont une vermeil.

Concours de Chauny, Septembre 1884, quatre Médailles.

Concours de Guise, Septembre 1886, une Médaille vermeil.

Concours de La Fère, Septembre 1886, une Médaille vermeil.

Concours de Laon, Septembre 1888, deux Médailles.

Concours de St-Quentin, Septembre 1892, une Médaille argent.

Concours de Nesle, Septembre 1893, une Médaille vermeil.

Concours de Chaulnes, Septembre 1894, une Médaille et Palme vermeil.

A ajouter de nombreux prix de direction obtenus par les chefs. M. Catry est en outre membre titulaire de l'Académie musicale du Hainaut (Belgique) qui lui a décerné un diplôme et une médaille d'honneur.

***

La fête patronale de Fluquières tombe le dimanche qui suit la Saint-Médard (7 juin). Vers le 15 septembre a lieu une seconde fête, appelée la « petite fête » qui remplace le

« requet », qui, en certains endroits, se fait le dimanche suivant la première.

***

D'après l'Annuaire officiel de l'Aisne, pour 1899, le budget communal comprend :

Recettes ordinaires	7.461 fr.
Recettes extraordinaires	7.078 fr.
Produits des centimes ordinaires . .	4.958 fr.
Produits des centimes extraordinaires.	5.143 fr.
Valeur du centime	68 fr. 61

Centimes pour dépenses ordinaires et extraordinaires :

Nombre total : 79. Dont extraordinaires : 3

Durée des impositions extraordinaires : 1899.

Montant de la dette au 31 mars. . . . 333 fr.

***

Fluquières est desservi par le bureau de poste de Roupy (autrefois par Ham). On espère toujours le déplacement de ce bureau en faveur de Fluquières, qui est un centre d'affaires plus important. Depuis 1898, il y a deux distributions.

***

On se sert encore des anciennes mesures pour les usages courants, telles que le *setier*, 34 ares 33 ; le *mancaud* (1/2 setier) ; la *verge* : 49 mq. environ ; le *pouce* (dans les opérations de tissage surtout) ; le *pied*, la *livre*, l'*once*. Les mesures agraires surtout persistent.

ARCHIVES.

Les actes de l'Etat-civil (tenus d'abord par les curés) remontent au mois de mars 1661.

Ils sont renfermés dans six registres reliés qui se succèdent régulièrement. Le premier va jusqu'en 1685. Il existe en double, d'une belle et nette écriture : d'ailleurs, incomplet, comme l'indique une note inscrite au premier feuillet, et ainsi conçue : « *Il se trouve plusieurs articles qui ne sont point contenus dans ce registre*; *pourquoy il faudra avoir recours aux anciens de la paroisse pour avoir la renommée véritable touchant les baptesmes* ».

Les premières familles mentionnées sont : Corrion, Druet, Fézelot, Gambier, Lefebvre, Mennuy, Quentin, Saucier.

Il y a encore à la Mairie :

Une matrice de rôle pour les contributions foncières de l'an VII (1799) ;

Divers registres de délibérations, de l'an XI (1803) à l'époque présente.

L'église possède un registre d'actes de baptêmes et de mariages allant de 1802 à 1840. 1802, 3, 4, 5, 6, 7, 8 et 27, qui manquaient, ont été copiés sur l'original des archives de l'évêché et insérés dans ce registre par les soins de M. l'abbé Brancourt, en 1871.

PRINCIPAUX OUVRAGES & DOCUMENTS CONSULTÉS

Almanachs de Picardie 1756, 1788.

Almanach-Revue de Saint-Quentin, 1896 (Baudry, éditeur).

Annuaires de Saint-Quentin et de l'Aisne.

Archives communales.

Archives départementales.

ARCHIAC D' — Description géologique du département de l'Aisne.

BRANCOURT (abbé) — Notice sur l'Eglise et le village de Douchy.

CAUMONT de — Abécédaire d'Archéologie.

CORBLET — Manuel d'Archéologie nationale.

JAMART— Histoire populaire de St Quentin.

LECOCQ, G. — Notices sur le canton de Vermand: *Fluquières*, *Beauvois*, *St-Quentin*.

Ch. Picart — Saint-Quentin, son commerce et ses industries.

Ch. Poette — Promenades aux environs de Saint-Quentin : Fluquières.

Renseignements dus à l'obligeance de divers habitants de Fluquières, en particulier de MM. *Fontaine*, conseiller municipal, et *Thièry*, directeur du tissage.

La Fère. — Imp. BAYEN, 13, rue Neigre.

TABLE DES MATIÈRES

TABLE DES GRAVURES

www.ingramcontent.com/pod-product-compliance
Lightning Source LLC
Chambersburg PA
CBHW072040090426
42733CB00032B/2033

* 9 7 8 2 0 1 2 6 6 4 0 7 4 *